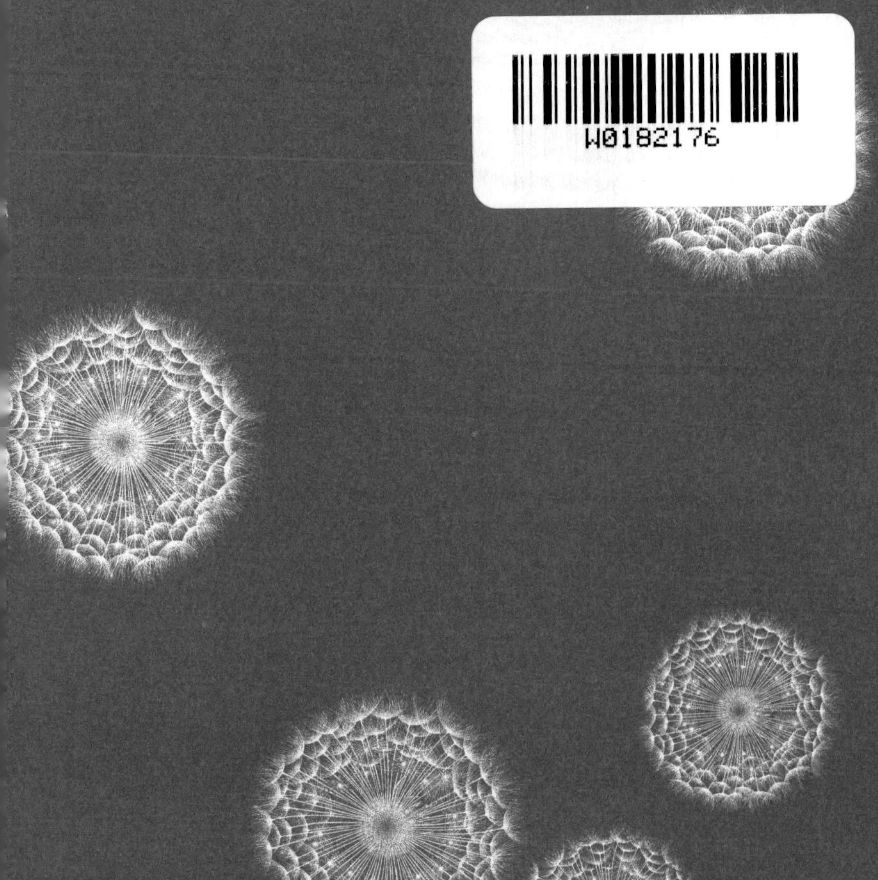

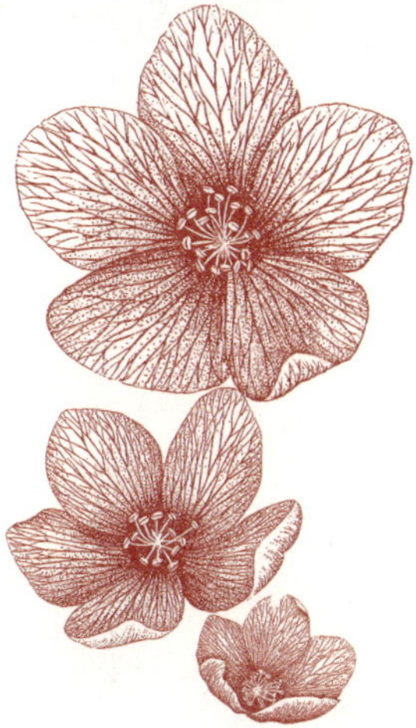

Blumen die uns Freude bringen

Ein immerwährender Kalender
mit einem Vers für jeden Tag

Auswahl und Zusammenstellung
der Texte von Barbara Hug
Mit Grafiken von Hans Hug

Kreuz Verlag

Die Ros' ist ohn Warum,
sie blühet
weil sie blühet,
sie acht' nicht ihrer selbst,
fragt nicht,
ob man sie siehet.

Januar

Zum neuen Jahr

In ihm sei's begonnen,
der Monde und Sonnen
an blauen Gezelten
des Himmels bewegt.
Du, Vater, du rate!
Lenke du und wende!
Herr, dir in die Hände
sei Anfang und Ende,
sei alles gelegt!

1. Januar

Dein ist das Jahr, dein ist die Zeit,
dein, Gott, ist alle Ewigkeit.
Dein ist die Welt, auch wir sind dein;
kann keins hier eines andern sein!
Dein ist der Tag und dein die Nacht,
dein, was versäumt, dein, was vollbracht...
So gehn wir, Gott, aus dem, was war,
getrost mit dir ins neue Jahr,
ins Jahr, dem du dich neu verheißt,
Gott Vater, Sohn und heiliger Geist.

Mit der Freude zieht der Schmerz
traulich durch die Zeiten.
Schwere Stürme, milde Weste,
bange Sorgen, frohe Feste
wandeln sich zur Seiten.

Gebe denn, der über uns
wägt mit rechter Waage,
jedem Sinn für seine Freuden,
jedem Mut für seine Leiden
in die neuen Tage,

jedem auf des Lebens Pfad
einen Freund zur Seite,
ein zufriedenes Gemüte
und zu stiller Herzensgüte
Hoffnung ins Geleite.

3. Januar

Ich will es öfter sagen,
damit ihr's alle wißt,
die ihr mich könntet fragen,
wie schön das Leben ist.

Die Leute, welche meinen,
die Welt sei schlecht gemacht,
sind nicht mit sich im reinen
und gar noch nicht erwacht.

Im Guten wie im Schlechten
hört eines Freundes Rat:
Nicht mit dem Schöpfer rechten,
der wußte, was er tat!

Die heil'gen drei Kön'ge aus Morgenland,
sie frugen in jedem Städtchen:
»Wo geht der Weg nach Bethlehem,
ihr lieben Buben und Mädchen?«
Die Jungen und Alten, sie wußten es nicht,
die Könige zogen weiter,
sie folgten einem goldenen Stern,
der leuchtete lieblich und heiter.
Der Stern bleibt stehn über Josephs Haus,
da sind sie hineingegangen;
das Öchslein brüllt', das Kindlein schrie,
die heil'gen drei Könige sangen.

5. Jänner

Stern über Bethlehem, zeig uns den Weg,
führ uns zur Krippe hin, zeig, wo sie steht,
leuchte du uns voran, bis wir dort sind,
Stern über Bethlehem, führ uns zum Kind!

Stern über Bethlehem, kehrn wir zurück,
steht noch dein heller Schein in unserm Blick,
und was uns froh gemacht, teilen wir aus.
Stern über Bethlehem, schein auch zu Haus!

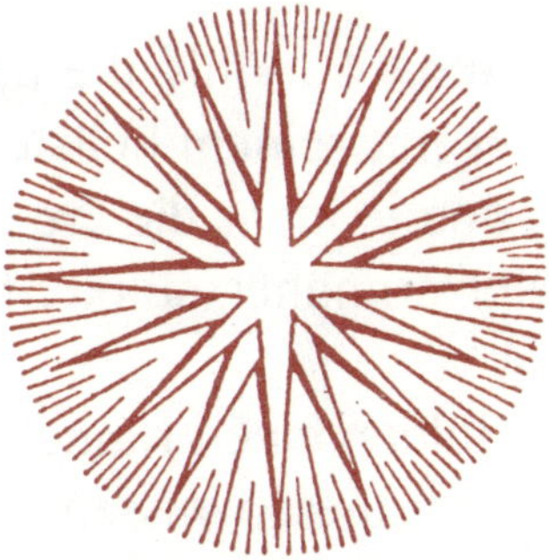

6. Januar

Oft in meinem Abendwandel hefte
ich auf einen schönen Stern den Blick,
zwar sein Zeichen hat besondre Kräfte,
doch bestimmt und zwingt er kein Geschick.

Nicht geheime Winke will er geben,
er ist wahr und rein und ohne Trug,
er beseliget und stärkt das Leben
mit der tiefsten Sehnsucht stillem Zug.

In die Bangnis, die Bedrängnis funkelt
er mit seinem hellsten Strahle gern,
und je mehr die Erde mählich dunkelt,
desto näher, stärker brennt mein Stern.

Holder, einen Namen wirst du tragen,
aber diesen wissen will ich nicht,
keinen Weisen werd ich darum fragen,
du mein tröstliches, mein treues Licht!

7. Jannar

Die Zeit geht nicht, sie stehet still,
wir ziehen durch sie hin,
sie ist ein Karawanserei,
wir sind die Pilger drin.

Es blitzt ein Tropfen Morgentau
im Strahl des Sonnenlichts;
ein Tag kann eine Perle sein
und ein Jahrhundert nichts.

8. Januar

So aufrecht unterm Himmel stehn,
so in sich fest ins Weite sehn,
ganz in sich fest und ohne Weh,
dem Nebel trotzend und dem Schnee...

Ihr Berge, herb und kühl und klar,
was ist für euch ein neues Jahr?
Es grünt, es blüht, es dorrt, es schneit,
und ewig rollt das Rad der Zeit.

In eurem wettergrauen Flaus
steht ihr und schweigt und haltet aus...
Daß ich das könnte so wie ihr,
bei Gott daheim nur und bei mir!

9. Januar

Du weißt, daß hinter den Wäldern blau
die großen Berge sind.
Und heute nur ist der Himmel grau
und die Erde blind.

Du weißt, daß über den Wolken schwer
die schönen Sterne stehn,
und heute nur ist aus dem goldenen Heer
kein einziger zu sehn.

Und warum glaubst du denn nicht auch,
daß uns die Wolke Welt
nur heute als ein flüchtiger Hauch
die Ewigkeit verstellt?

10. Jannar

Zwei Augen hat die Seel:
eins schauet in die Zeit,
das andre richtet sich
hin in die Ewigkeit.

11. Januar

Zum Sehen geboren,
zum Schauen bestellt,
dem Turme geschworen,
gefällt mir die Welt.
Ich blick in die Ferne,
ich seh in der Näh
den Mond und die Sterne,
den Wald und das Reh.

So seh ich in allen
die ewige Zier,
und wie mirs gefallen,
gefall ich auch mir.
Ihr glücklichen Augen
was je ihr gesehn,
es sei wie es wolle,
es war doch so schön!

Ich sehe oft um Mitternacht,
wenn ich mein Werk getan
und niemand mehr im Hause wacht,
die Stern am Himmel an.

Sie gehn da, hin und her, zerstreut
als Lämmer auf der Flur;
in Rudeln auch, und aufgereiht
wie Perlen an der Schnur;

und funkeln alle weit und breit,
und funkeln rein und schön;
ich seh die große Herrlichkeit,
und kann nicht satt mich sehn . . .

Dann saget unterm Himmelszelt
mein Herz mir in der Brust:
»Es gibt was Bessers in der Welt
als all ihr Schmerz und Lust.«

13. Januar

Zufrieden sein, das ist mein Spruch!
Was hülf mir Geld und Ehr?
Das, was ich hab, ist mir genug,
wer klug ist, wünscht nicht sehr;
denn was man wünschet, wenn mans hat,
so ist man darum doch nicht satt.

Und Geld und Ehr ist obendrauf
ein sehr zerbrechlich Glas.
Der Dinge wunderbarer Lauf,
(Erfahrung lehret das)
verändert wenig oft in viel,
und setzt dem reichen Mann sein Ziel.

Leg's dem Leben nicht zur Last,
dünkt sein Werk dich Plunder:
Wenn du Märchenaugen hast,
ist die Welt voll Wunder!

15. Januar

Seht meine lieben Bäume an,
wie sie so herrlich stehn,
auf allen Zweigen angetan
mit Reifen wunderschön!

Von unten an bis oben 'naus
auf allen Zweigelein
hängts weiß und zierlich, zart und kraus,
und kann nicht schöner sein;

und alle Bäume rund umher
all, alle weit und breit,
stehn da, geschmückt mit gleicher Ehr,
in gleicher Herrlichkeit.

16. Jannar

Wie bist du schön, du blätterkahler Baum,
mit deinen Wundern, Zweigen und Geäst,
stehst hoch und herb und feierstill im Raum,
ja, immer schön, auch wenn das Laub dich läßt.

Mit tausend Armen reichst du wunderlich
zum tiefen Grund, lebst dunkel, ohne Sicht.
Mit tausend Armen greifst du über dich
mit Stamm und Krone in das große Licht.

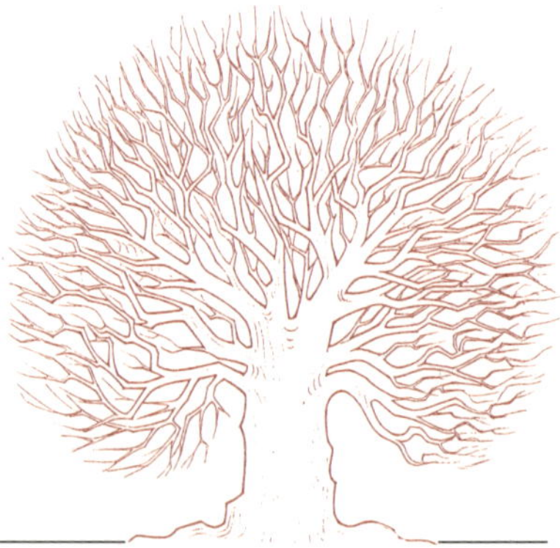

17. Januar

Es gibt im Reiche der Chinesen
ein recht bewundernswertes Wesen:
Ein Vogel, der sich im Geäst
still und bescheiden niederläßt
und, wenn 'nen zweiten er erblickt,
auf seinem Ast beiseiterückt.

Anmerkung:
Nein, ich erfand es nicht, dies Wesen!
Ihr könnt's im »Buch der Weisheit« lesen.

18. Januar

Gott, weil er groß ist,
gibt am liebsten große Gaben:
Ach, daß wir Arme
nur so kleine Herzen haben!

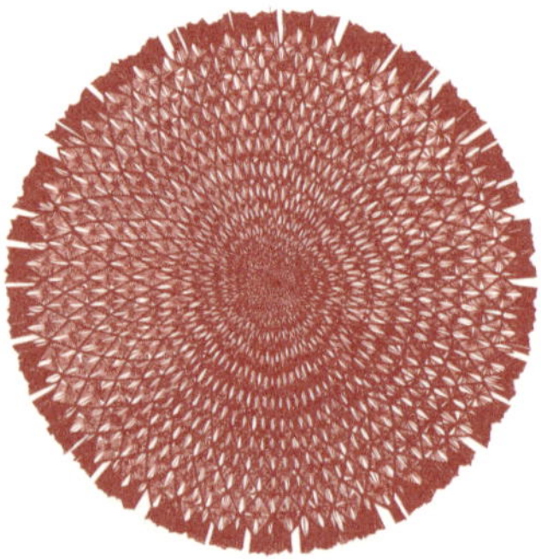

19. Januar

Wenn jeder eine Blume pflanzte,
jeder Mensch auf dieser Welt,
und, anstatt zu schießen, tanzte
und mit Lächeln zahlte, statt mit Geld –
wenn ein jeder einen andern wärmte,
keiner mehr von seiner Stärke schwärmte,
keiner mehr den andern schlüge,
keiner sich verstrickte in der Lüge,
wenn die Alten wie die Kinder würden,
sie sich teilten in den Bürden,
wenn dies Wenn sich leben ließ,
wär's noch lang kein Paradies –
bloß die Menschenzeit hätt angefangen,
die in Streit und Krieg uns beinah ist vergangen.

20. Jannar

Hast du zwei Brote, und
ein Armer steht daneben,
das ist ein guter Grund,
ihm eines abzugeben.

21. Januar

Ein Herr warf einem Bettelmann
fünf Groschen in den Felber.
Das tat dem andern wohl, und dann
tat es auch wohl ihm selber.

Der eine, weil er gar so gut,
kann sich von Herzen loben;
der andre trinkt sich frischen Mut
und fühlt sich auch gehoben.

22. Januar

Als im Lande Hungersnot war
und dem König ward berichtet,
in des Reiches reichsten Städten
stürben viele Arme Hungers;
höret, welche rasche Auskunft,
welche Abhilf kurz und bündig
Peros traf, der Perserkönig.
Eigenhändig schrieb er einen
Brief an jede Stadt im Reiche,
dieses Inhalts: Wo ein Armer
Hungers stirbt in euern Mauern,
werd ich für den Armen einen
Reichen nehmen und im Kerker
auch ihn Hungers sterben lassen. –
Niemand starb im Lande Hungers,
und die Reichen selber brauchten
nicht zu hungern, mit den Armen
nur den Überfluß zu teilen.

23. Januar

Gott gebe mir nur jeden Tag
soviel ich b'darf zum Leben.
Er gibts dem Sperling auf dem Dach;
wie sollt ers mir nicht geben!

24. Jannar

In allen meinen Taten
laß ich den Höchsten raten,
der alles kann und hat.
Er muß zu allen Dingen,
solls anders wohl gelingen,
mir selber geben Rat und Tat.

25. Jannar

Die Linien des Lebens sind verschieden,
wie Wege sind, und wie der Berge Grenzen.
Was hier wir sind, kann dort ein Gott ergänzen
mit Harmonien und ewigem Lohn und Frieden.

26. Januar

Bist du nie des Nachts durch Wald gegangen,
wo du deinen eignen Fuß nicht sahst?
Doch ein Wissen überwandt dein Bangen:
Dich führt der Weg.

Hält dich Leid und Trübsal nie umfangen,
daß du zitterst, welchem Ziel du nahst?
Doch ein Wissen übermannt dein Bangen:
Dich führt dein Weg.

27. Januar

Es führen über die Erde
Straßen und Wege viel,
aber alle haben
dasselbe Ziel.

Du kannst reiten und fahren
zu zwein und zu drein,
den letzten Schritt mußt du
gehen allein.

Drum ist kein Wissen
noch Können so gut,
als daß man alles Schwere
alleine tut.

Befiehl du deine Wege
und was dein Herze kränkt
der allertreusten Pflege
des, der den Himmel lenkt:
Der Wolken, Luft und Winden
gibt Wege, Lauf und Bahn,
der wird auch Wege finden,
da dein Fuß gehen kann.

Dem Herren mußt du trauen,
wenn dirs soll wohl ergehn,
auf sein Werk mußt du schauen,
wenn dein Werk soll bestehn.
Mit Sorgen und mit Grämen
und mit selbsteigner Pein
läßt Gott sich gar nichts nehmen,
es muß erbeten sein.

29. Januar

Nimm wahr der Zeit,
sie eilet sich
und kommt nicht wieder
ewiglich.

30. Januar

Rosa Hortensie

Wer nahm das Rosa an? Wer wußte auch,
daß es sich sammelte in diesen Dolden?
Wie Dinge unter Gold, die sich entgolden,
entröten sie sich sanft, wie im Gebrauch.

Daß sie für solches Rosa nichts verlangen.
Bleibt es für sie und lächelt aus der Luft?
Sind Engel da, es zärtlich zu empfangen,
wenn es vergeht, großmütig wie ein Duft?

Oder vielleicht auch geben sie es preis,
damit es nie erführe vom Verblühn.
Doch unter diesem Rosa hat ein Grün
gehorcht, das jetzt verwelkt und alles weiß.

31. Januar

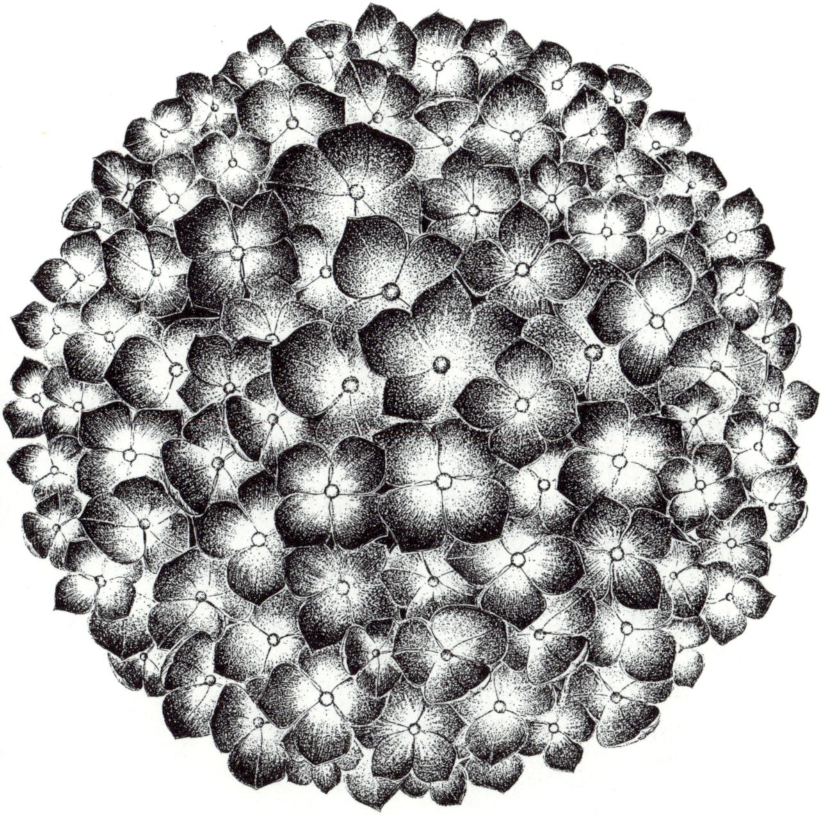

Februar

Und dräut der Winter noch so sehr
mit trotzigen Gebärden,
und streut er Eis und Schnee umher,
es muß doch Frühling werden.

Und drängen Nebel noch so dicht
sich vor den Blick der Sonne,
sie wecket doch mit ihrem Licht
einmal die Welt zur Wonne.

Drum still! Und wie es frieren mag,
o Herz, gib dich zufrieden!
Es ist ein großer Maientag
der ganzen Welt beschieden.

Und wenn dir oft auch bangt und graut,
als sei die Höll auf Erden:
nur unverzagt auf Gott vertraut!
Es muß doch Frühling werden.

1. Februar

Beim Stöbern an der Gartenhecke
bracht ich ein seltnes Wild zu Strecke:
im Feber, denkt euch, eine Schnecke!

Sie saß nicht etwa nur inwendig
im Haus verkapselt, schein-lebendig.
Sie bummelte höchst eigenhändig

durchs welke Buchenlaub nach oben,
die Hörner selbstbewußt erhoben,
und schien den linden Tag zu loben.

- Darf dieser Bauchfuß uns beschämen,
die wir uns sorgen oder grämen?...
Nein, laßt uns dran ein Beispiel nehmen!

Heraus aus unsrem Wintergrabe!
Hinein ins Tun, bergauf, bergabe –
und möglichst nicht im Schneckentrabe!

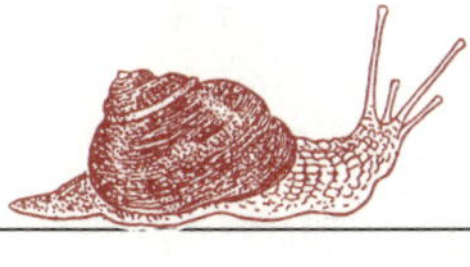

2. Februar

Geduld, du kleine Knospe
im lieben stillen Wald,
es ist noch viel zu frostig,
es ist noch viel zu bald.

Noch geh ich dich vorüber,
doch merk ich mir den Platz,
und kommt heran der Frühling,
so hol ich dich, mein Schatz.

3. Februar

Wenn im Unendlichen dasselbe
sich wiederholend ewig fließt,
das tausenfältige Gewölbe
sich kräftig ineinander schließt,
strömt Lebenslust aus allen Dingen,
dem kleinsten wie dem größten Stern,
und alles Drängen, alles Ringen
ist ewige Ruh in Gott, dem Herrn.

4. Februar

Vom Abend des fünften Februar

Ein klassischer Winterabend.
Die Kälte zieht an. Der Wasserduft
getauten Schnees gefriert in der Luft.
Jetzt ist es schon heller als im Dezember.
Gegen sechs Uhr ist noch Zwielicht zu sehen.
Klar sieht man im Westen die Abendröte.
Nach Süden sieht man den Mond aufgehn.

Vom ganz weißen Schnee steigt weißer Dunst.
Oder ist es die Dämmrung, die langsam aufsteigt?

Das ist die Stunde der Lebensgunst.
So sieht das Glück aus, wenn es sich zeigt.

5. Februar

Willst du immer weiter schweifen?
Sieh, das Gute liegt so nah,
lerne nur das Glück ergreifen,
denn das Glück ist immer da.

6. Februar

Nicht Glückes bar sind deine Lenze,
du forderst nur des Glücks zuviel;
gib deinem Wunsche Maß und Grenze
und dir entgegen kommt das Ziel.

Wie dumpfes Unkraut laß vermodern,
was in dir noch des Glaubens ist:
du hättest doppelt einzufordern
des Lebens Glück, weil du es bist.

Das Glück, kein Reiter wird's erjagen,
es ist nicht dort, es ist nicht hier:
Lern überwinden, lern entsagen,
und ungeahnt erblüht es dir.

7. Februar

Meistens alles auf der Erden,
drauf die Leut am meisten streben,
stehet unter denen Dingen,
die sich auf ein G anheben:
Gold, Geld, Gut, Geschenke, Gaben,
Gunst, Gewinn, Gewalt, Geschicke,
Glaube, Glimpf, Gesund, Gewissen
und mit einem Worte Glücke
will sich alles drunterstellen.
Wenn zu diesem zu sich zählet
Gott mit seiner Gnad und Güte,
weiß ich nicht, was Gutes fehlet.

Brachst bloß **ein** Bein
beim Fall von der Leiter!
Zwei wären schlimmer.
Nichts ist »zu Ende«.
Alles geht weiter.
Immer.
Gib dem Himmel
dein Glück in die Hände.
Alles geht weiter,
sei heiter,
sei heiter!

Willst du dich in dem Glück
nicht ausgelassen freun,
im Unglück nicht unmäßig kränken,
so lern, so klug wie Eulenspiegel sein,
im Unglück gern ans Glück,
im Glück ans Unglück denken.

10. Februar

Gottlob, daß ich auf Erden bin
und Leib und Seele habe.
Ich danke Gott in meinem Sinn
für diese große Gnade.

Der Leib ist mir doch herzlich lieb,
trotz seiner Fehl und Mängel,
ich nehme gern mit ihm vorlieb
und neide keinem Engel.

11. Februar

Der Mensch

Empfangen und genähret
vom Weibe wunderbar,
kommt er und sieht und höret
und nimmt des Trugs nicht wahr;
gelüstet und begehret,
und bringt sein Tränlein dar;
verachtet und verehret:
hat Freude und Gefahr;
glaubt, zweifelt, wähnt und lehret,
hält nichts und alles wahr;
erbauet und zerstöret;
und quält sich immerdar;
schläft, wachet, wächst und zehret;
trägt braun und graues Haar;
und alles dieses währet,
wenns hoch kommt, achtzig Jahr.
Dann legt er sich zu seinen Vätern nieder,
und er kömmt nimmer wieder.

12. Februar

Sieben Leben möcht ich haben:
Eins dem Geiste ganz ergeben,
so dem Zeichen, so der Schrift.
Eins den Wäldern, den Gestirnen
angelobt, dem großen Schweigen.
Nackt am Meer zu liegen eines,
jetzt im weißen Schaum der Wellen,
jetzt im Sand, im Dünengrase.
Eins für Mozart. Für die milden,
für die wilden Spiele eines.
Und für alles Erdenherzleid
eines ganz. Und ich, ich habe –
sieben Leben möcht ich haben! –
hab ein einzig Leben nur.

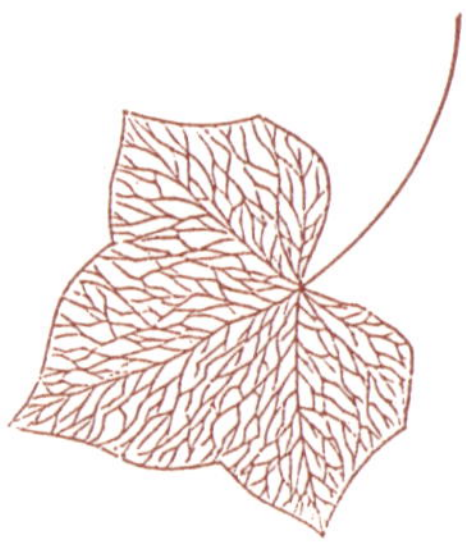

13. Februar

»Was drückt dich, lieber Freund?« –
»Ich wollt, ich könnte fliegen
und alle Lebenslast und Erdenpein besiegen.
Ich bin so voll davon und wiege, ach, so schwer!
Warum bin ich nicht leicht?« –
»Warum bist du nicht leer?«

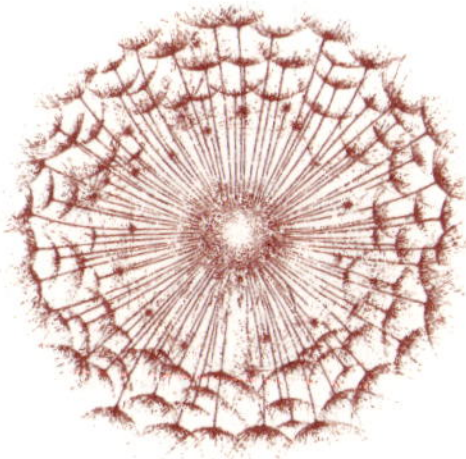

14. Februar

Ein Mensch hat einen Kreisel, rund,
bemalt in sieben Farben, bunt.
Er peitscht ihn an, der Kreisel schwirrt,
bis schneller er – und grauer wird ...
Soll unser Leben bunter bleiben,
darf mans nicht allzu munter treiben.

15. Februar

Wenn aller Raketenspuk verweht,
der hoch ergötzt die lieben Kleinen,
dann werden in stiller Majestät,
die alten, ewigen Sterne scheinen.

16. Februar

Der Morgenstern ist aufgedrungen,
er leucht' daher zu dieser Stunde
hoch über Berg und tiefe Tal,
vor Freud singt uns der lieben Engel Schar.

O heilger Morgenstern, wir preisen
dich heute hoch mit frohen Weisen
du leuchtest vielen nah und fern,
so leucht auch uns, Herr Christ, du Morgenstern.

Kein Schlaf noch kühlt das Auge mir,
dort gehet schon der Tag herfür
an meinem Kammerfenster.
Es wühlet mein verstörter Sinn
noch zwischen Zweifeln her und hin
und schaffet Nachtgespenster.
– Ängste, quäle
dich nicht länger, meine Seele!
Freu dich! Schon sind da und dorten
Morgenglocken wach geworden.

Morgenglanz der Ewigkeit,
Licht vom unerschöpften Lichte,
schick uns diese Morgenzeit
deine Strahlen zu Gesichte,
und vertreib durch deine Macht
unsre Nacht.

19. Februar

Sieben Farben hat das Licht,
will die Nacht vertreiben,
sieh es an und fürcht dich nicht,
soll nicht finster bleiben.

20. Februar

Wie heilt sich ein verlassen Herz,
der dunkeln Schwermut Beute?
Mit Becher-Rundgeläute?
Mit bitterm Spott? Mit frevlem Scherz?
Nein, mit ein bißchen Freude!

Wie flicht sich ein zerrißner Kranz,
den jach der Sturm zerstreute?
Wie knüpft sich der erneute?
Mit welchem Endchen bunten Bands?
Mit nur ein bißchen Freude!

Wie sühnt sich die verjährte Schuld,
die bitterlich bereute?
Mit einem strengen Heute?
Mit Büßerhast und Ungeduld?
Nein. Mit ein bißchen Freude!

21. Februar

Krokus

Gott fügt es.
ER bestimmt die Zeit,
ER heißt ihn blühn, obwohl es schneit,
und ihm genügt es.

22. Februar

So komme, was da kommen mag!
Solang du lebest, ist es Tag.

Und geht es in die Welt hinaus,
wo du mir bist, bin ich zu Haus.

Ich seh' dein liebes Angesicht,
ich sehe die Schatten der Zukunft nicht.

23. Februar

Verschneit liegt rings die ganze Welt,
ich hab nichts, was mich freuet,
verlassen steht der Baum im Feld
hat längst sein Laub verstreuet.

Der Wind nur geht bei stiller Nacht
und rüttelt an dem Baume,
da rührt er seinen Wipfel sacht
und redet wie im Traume.

Er träumt von künft'ger Frühlingszeit,
von Grün und Quellenrauschen,
wo er im neuen Blütenkleid
zu Gottes Lob wird rauschen.

24. Februar

Blick in die Welt und lerne leben,
bedrängt Gemüt;
braucht nur ein Tauwind sich zu heben
und alles blüht.
Die Hasel stäubt, am Weidenreise
glänzt seidner Glast;
Schneeglöckchen lenzt im halben Eise
und Seidelbast.
Braucht nur ein Tauwind sich zu heben. –
Verzagt Gemüt,
blick in die Welt und lerne leben:
Der Winter blüht!

25. Februar

Wer ahnt etwas von jener zarten Süße
der kleinen Kelche, die sie streng verbergen
in braunen Knospen wie in engen Särgen,
daß nicht zu früh ihr Gelb das Graue grüße?

Doch holst du sie herein zu dir ins Zimmer,
dann geben sie, zersprengend enge Hülle,
dem Grau langsamer Tage lichte Fülle
mit ihrem unbegreiflich goldnen Schimmer.

26. Februar

Wieviel Sand in dem Meer,
wieviel Sterne oberher,
wieviel Tiere in der Welt,
wieviel Heller unterm Geld,
in den Adern wieviel Blut,
in dem Feuer wieviel Glut,
wieviel Blätter in den Wäldern,
wieviel Gräslein in den Feldern,
in den Hecken wieviel Dörner,
auf dem Acker wieviel Körner,
auf den Wiesen wieviel Klee,
wieviel Stäublein in der Höh,
in den Flüssen wieviel Fischlein
in dem Meere wieviel Müschlein,
wieviel Tropfen in der See,
wieviel Flocken in dem Schnee?

Soviel lebendig weit und breit
wünsch ich dir eine gute Zeit.

27. Februar

Was unser Gott geschaffen hat,
das will er auch erhalten,
darüber will er früh und spat
mit seiner Güte walten.
In seinem ganzen Königreich
ist alles recht, ist alles gleich.
Gebt unserm Gott die Ehre.

28. Februar

Passionsblume

Am Geländer der Terrasse
wächst sie mondelang heran.
Regen taucht ihr Blatt ins Nasse.
Alle schaun und denken dran.

Eines Morgens ist ihr Orden
aufgestellt und offenbar,
blaue Strahlen, weiße Borden,
wo nur grün die Knospe war.

Eine Blüte sonder Regel,
die uns ängstigt und gefällt;
helle Hämmer, dunkle Nägel
überm Leidenskreis der Welt.

29. Februar

März

Frühling läßt sein blaues Band
wieder flattern durch die Lüfte;
süße, wohlbekannte Düfte
streifen ahnungsvoll das Land.
Veilchen träumen schon,
wollen balde kommen.
– Horch, von fern ein leiser Harfenton!
Frühling, ja du bists!
Dich hab ich vernommen!

1. März

Der Himmel blaut, tief in sich selbst verloren.
Verträumte Wolken ziehen ihre Bahn.
Fern ruft ein Hahn.
Die erste Biene summt dir um die Ohren.

Wie Silber glänzt, wie altes Gold, die Weide
im stillen Licht, das durch die Täler schwebt.
Die braune Erde webt
mit leiser Hast an ihrem bunten Kleide.

Erd und Himmel sollen singen
vor dem Herrn der Herrlichkeit,
alle Welt soll hell erklingen,
loben Gott zu dieser Zeit.
Halleluja, dienen ihm in Ewigkeit.

Sonne, Mond und Stern sich neigen
vor dem Herrn der Herrlichkeit;
Tag und Nacht sie nimmer schweigen,
loben Gott zu aller Zeit.
Halleluja, dienen ihm in Ewigkeit.

3. März

Weide, silbern Angesicht,
weil ich dich von Weitem sehe,
leidet mich's und hält mich nicht,
bis ich grüßend vor dir stehe.
Heut! – Und oh, wie manches Jahr,
kam ich, Weide, dich befragen!
Denn ich wußte: Frühling war,
wenn du wieder ausgeschlagen.
Botschaft, Jahr um Jahr erneut:
Frühling kam, die Welt geht offen! –
Weide, die mein Herz erfreut:
Wer ums Wunder weiß, lernt hoffen.

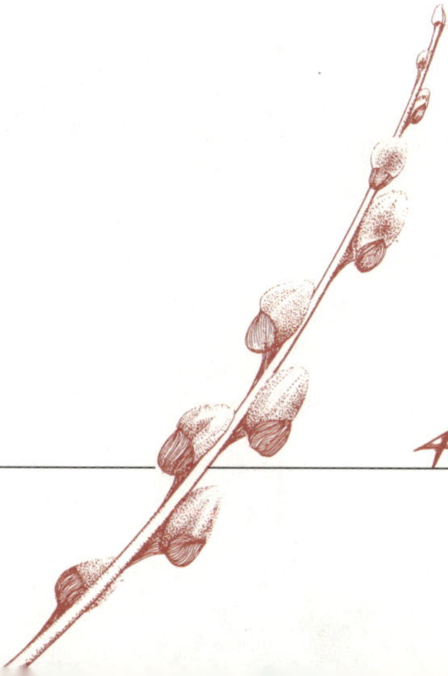

4. März

Ein leisestes Gesurr. Auf meine Hand
sinkt flügelschwirrend eine Mücke nieder,
ein Hauch von einem Leib, sechs zarte Glieder –
wo kam sie her aus winterlichem Land?

Ein Rüssel . . . schlag ich zu? Mißgönn ich ihr
den Tropfen Blut, der solches Wesen nährt?
Den leichten Schmerz, den mir der Stich gewährt?
Sie handelt, wie sie muß. Bin ich ein Tier?

So stich nur zu, du kleine Flügelseele,
solang mein Blutgefäß dich nähren mag,
solang du sorgst um deinen kurzen Tag!

Stich zu, daß es dir nicht an Kräften fehle!
Wir sind ja beide, Mensch und Mücke, nichts
als kleine Schatten eines großen Lichts.

Diese Erde ist ein Stern,
und Millionen Sterne kreisen
in den ewigen Geleisen.
Wie, im Angesicht der Sterne
könnt ihr hassen, euch zerreißen?

Diese Erde ist ein Stern,
und der Stern ist uns gegeben,
Brüder, Freunde, daß wir leben,
daß wir ihn aus Wüste, Wildnis,
in den Glanz der Gärten heben.

6. März

Gott macht kein neues Ding,
ob's uns zwar neue scheint:
Vor ihm ist ewiglich,
was man erst werden meint.

F. Mairz

Frühling

Nun ist er endlich kommen doch
in grünem Knospenschuh:
»Er kam, er kam ja immer noch«,
die Bäume nicken sich's zu.

Sie konnten ihn all erwarten kaum,
nun treiben sie Schuß auf Schuß;
im Garten, der alte Apfelbaum,
er sträubt sich, aber er muß.

Wohl zögert auch das alte Herz
und atmet noch nicht frei,
es bangt und sorgt: »Es ist erst März,
und März ist noch nicht Mai.«

O schüttle ab den schweren Traum
und die lange Winterruh:
Es wagt es der alte Apfelbaum,
Herze, wag's auch du.

8. März

Heute ist der milde Glanz erwacht.
Der Mond schien und ein klarer Stern.
Erfüllt von Ahnung schwieg die Nacht,
und nirgends war ein Hügel fern.

Der Baum – als wüßte er sein Blühn –
neigt sich zur Erde, atmet tief,
als wollte er sein Sommergrün
dort trinken, das im Acker schlief.

Wen gab es, der verlassen war?
Der Nacht vertraut sich jedes Ding.
Wie wenn die Sonne ihn gebar,
schwebt morgens leicht ein Schmetterling.

9. März

Ich sehe klar genug,
was ich zu sehen brauche:
die ganze Schöpfung lebt
von Gottes Lebenshauche.

Wie sie den Hauch empfing,
das ist von Nacht umhangen,
wir aber preisen Gott,
daß sie den Hauch empfangen.

10. März

Kätzchen ihr der Weide,
wie aus grauer Seide,
wie aus grauem Samt!
O ihr Silberkätzchen,
sagt mir doch, ihr Schätzchen,
sagt, woher ihr stammt.

»Wollens gern dir sagen:
Wir sind ausgeschlagen
aus dem Weidenbaum,
haben winterüber
drin geschlafen, Lieber,
in tieftiefem Traum.«

In dem dürren Baume
in tieftiefem Traume
habt geschlafen ihr?
In dem Holz, dem harten,
war, ihr weichen, zarten,
euer Nachtquartier?

11. März

Mußt dich recht besinnen:
Was da träumte drinnen,
waren wir noch nicht,
wie wir jetzt im Kleide
blühn von Samt und Seide
hell im Morgenlicht.

Nur als wie Gedanken
lagen wir im schlanken
grauen Baumgeäst;
unsichtbare Geister,
die der Weltbaumeister
dort verweilen läßt.«

Kätzchen ihr der Weide,
wie aus grauer Seide,
wie aus grauem Samt!
O ihr Silberkätzchen,
ja, nun weiß, ihr Schätzchen,
ich, woher ihr stammt.

12. März

Wir wissen nicht,
womit der Steinbrech Steine bricht.

Er übt die Kunst auf seine Weise,
und ohne Lärm. Gott liebt das Leise.

13. März

Wenn unter kalten Sternen
dir rauh die Zeit verrinnt:
du mußt das Warten lernen,
du mußt dich rührig dehnen,
so wird der Sturm zum Wind
und trocknet deine Tränen
und klärt dir deine Sorgen.

Des Winters Schnee und Eis,
an einem hellen Morgen
vom frisch begrünten Bühle
als Bächlein rauscht es leis
und treibt dir deine Mühle.

14. März

Leichter träget, was er träget,
wer Geduld zur Bürde leget.

15. März

Bemeßt den Schritt! Bemeßt den Schwung!
Die Erde bleibt noch lange jung!
Dort fällt ein Korn, das stirbt und ruht.
Die Ruh ist süß. Es hat es gut.
Hier eins, das durch die Scholle bricht.
Es hat es gut. Süß ist das Licht.
Und keines fällt aus dieser Welt
und jedes fällt, wie's Gott gefällt.

Immer muß man zueinander reifen.
Alle schnellen Dinge sind Verrat.
Nur wer warten kann, wird es begreifen:
nur dem Wartenden erblüht die Saat.

Warten, das ist: Säen und dann pflegen,
ist gestaltend in den Worten warten,
handelnd still sein und umhegen
erst den Keim und dann den Garten.

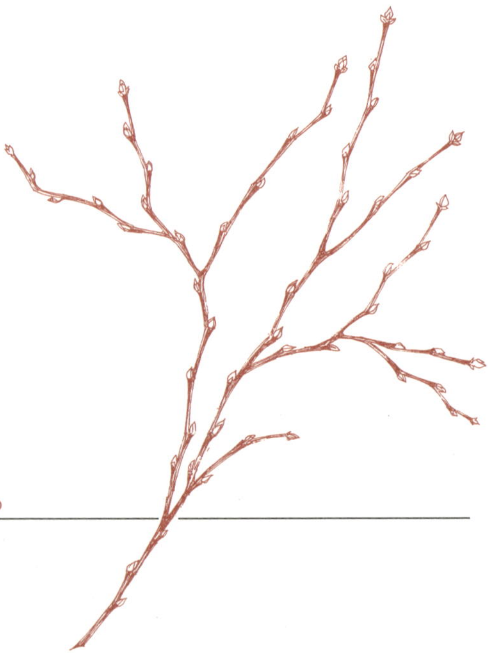

17. März

Einer hat eine Brücke gebaut,
wo vorher keine war.
Der Bach ist schmal, aber doch zu breit,
ihn zu überspringen. In all dieser Zeit
(wir nutzen sie schon ein Jahr)
hörte der, der die Brücke da hingebaut,
von uns nicht einen menschlichen Laut.
Warum sind wir so gleichgültig träg?
Ändern wir uns noch heute:
Wir danken für den geebneten Weg.
(Uns helfen viele Leute.)

Ich habe ein Geheimnis entdeckt:
Wir loben einander zu selten.
Kinder wachsen nicht ohne Lob.
Wir lassen einander nur gelten
mit jener schweigenden Toleranz,
die die Fremdheit zwischen uns steigert.
Und jeder wartet auf das Wort,
das einer dem andern verweigert.

19. März

Worte decken sachte
viele Dinge zu.
Manches Wort schon brachte
manchen Gram zur Ruh.

Manches Dunkle hellte,
so ich davon sprach.
Manch Gedanke schnellte
hoch und wurde wach.

Laute oder leise
Worte tun auch weh.
Wunderbare Kreise
gehn in ihrer Näh.

Worte sind wie Wesen,
die in deiner Macht.
Alle sind erlesen,
gib auf alle acht!

Hilf, daß ich rede stets,
womit ich kann bestehen;
laß kein unnützlich Wort
aus meinem Munde gehen;
und wenn in meinem Amt
ich reden soll und muß,
so gib den Worten Kraft
und Nachdruck ohn Verdruß.

21. März

Psalm

Ich stehe unter Gottes Schutz,
ich weiß das – seit geraumer Zeit.
Er nahm den Gram und das Bittere
aus meinem Wesen
und machte mich fröhlich.
Und ich will hingehen,
alle anzustecken mit Freude und Freundlichkeit,
auf daß die Erde Heimat wird für alle Welt
durch seinen Frieden
und unseren Glauben.
Schalom in Dorf und Stadt.

Ich dank dir, Herr,
In jeder stillen Stund
Ist auch mein Mund
Scheu und verschwiegen.
Ich stehe hier
An meines Kindes Wiegen
Und ohne Wort
Dankt es in mir.

23. März

Träum, Kindlein, träum,
im Garten stehn zwei Bäum.
Der eine, der trägt Sternlein,
der andre Mondenhörnlein.

Da kommt der Wind der Nacht gebraust
und schüttelt die beiden mit rauher Faust.

Das Mondenhörnleinbäumlein steht,
als wäre gar kein Wind, der weht.
Das Sternenbäumlein aber, ach,
dem fallen zwei Sternlein in den Bach.

Da kommen zwei Fischlein munter –
und schlucken die Sternlein hinunter.
Und hätte es nicht sterngeschnuppt,
so wären sie nicht so schön geschuppt.

Träum, Kindlein, träum,
im Garten stehn zwei Bäum ...

Der eine, der trägt Sternlein,
der andre Mondenhörnlein ...

Träum, Kindlein, träum ...

Wenn ein Kind im Dunkeln bang,
faßt's ein Herz sich im Gesang.

Faßt ein Herz und singet laut,
bis das Licht es wieder schaut.

Ich auch geh auf Erden hier
wie ein Kind im Dunkeln schier,

und mein Lied nur bang erklingt,
wie's ein Kind im Dunkeln singt.

Doch es gibt mir Mut und Kraft
auf der ird'schen Wanderschaft.

25. März

Die Kinder haben die Veilchen gepflückt,
all, all, die da blühen am Mühlengraben.
Der Lenz ist da; sie wollen ihn fest
in ihren kleinen Fäusten haben.

26. März

Das Zeichen

Freunde, daß der Mandelzweig
wieder blüht und treibt,
ist das nicht ein Fingerzeig,
daß die Liebe bleibt?

Daß das Leben nicht verging,
soviel Blut auch schreit,
achtet dieses nicht gering
in der trübsten Zeit.

Tausende zerstampft der Krieg,
eine Welt vergeht.
Doch des Lebens Blütensieg
leicht im Winde weht.

Freunde, daß der Mandelzweig
sich in Blüten wiegt,
bleibe uns ein Fingerzeig,
wie das Leben siegt.

27. März

Menschen gehen zu Gott in ihrer Not,
flehen um Hilfe, bitten um Glück und Brot,
um Errettung aus Krankheit, Schuld und Tod.
So tun sie alle, alle,
Christen und Heiden.

Gott geht zu allen Menschen in ihrer Not,
sättigt den Leib und die Seele mit seinem Brot,
stirbt für Christen und Heiden den Kreuzestod,
und vergibt ihnen beiden.

28. März

Gar viele Wege gehn zu Gott,
auch deiner geht
zu Gott, geh ihn getrost
mit Preisen und Gebet.
Und laß dich nicht darin
von denen irre machen,
die andre Wege gehn,
und mach nicht irr die Schwachen.

29. März

Welch Dunkel uns auch hält,
Sein Licht hat uns getroffen!
Hoch über aller Welt
steht nun der Himmel offen.
Gelobt sei Jesus Christ!

30. März

Wie liegt die Blumenwiese hier
in tausend Farben unter mir!
Mich dünkt der Blumen bunter Schein
ein zartes Bild der Welt zu sein.

31. März

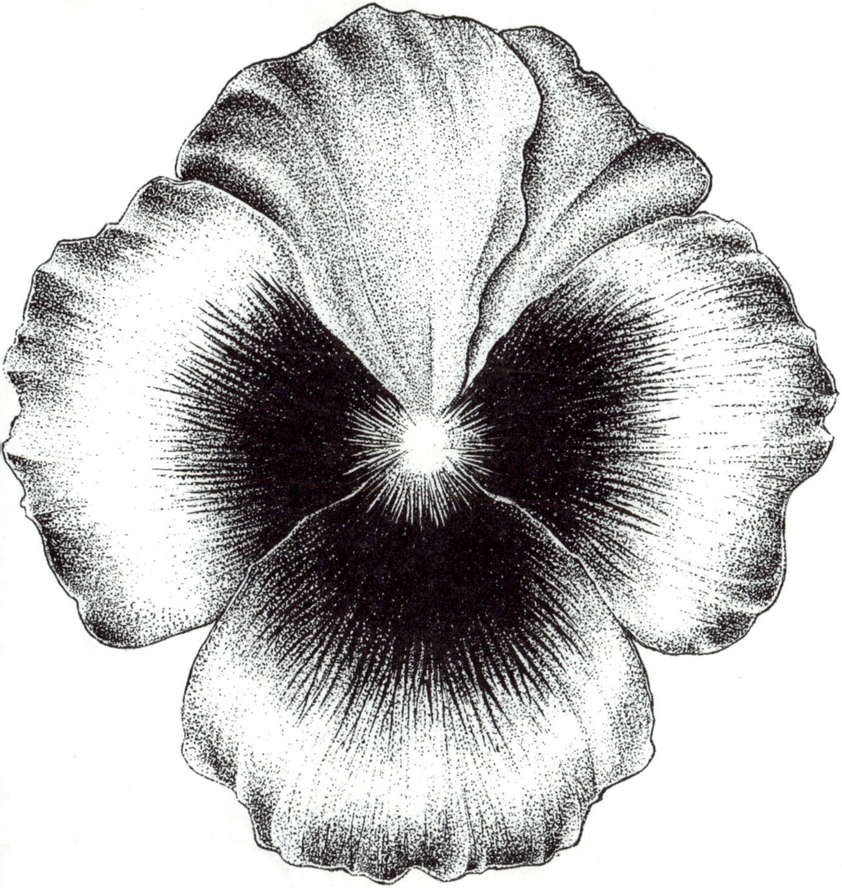

April

Frühling –
wieder Frühling, Erde! –
Ach, daß du so lächelnd liegst
und mit ewiger Gebärde
deine braunen Knospen wiegst!

1. April

Die Sonne glänzt, es blühen die Gefilde,
die Tage kommen blütenreich und milde,
der Abend blüht hinzu, und helle Tage gehen
vom Himmel abwärts, wo die Tag' entstehen.

Das Jahr erscheint mit seinen Zeiten
wie eine Pracht, wo Feste sich verbreiten,
der Menschen Tätigkeit beginnt mit neuem Ziele,
so sind die Zeichen in der Welt, der Wunder viele.

2. April

Wir wollen alle fröhlich sein
in dieser österlichen Zeit,
denn unser Heil hat Gott bereit'.

Es ist erstanden Jesus Christ,
der an dem Kreuz gestorben ist,
dem sei Lob, Ehr zu aller Frist.

Es singt der ganze Erdenkreis
dem Gottessohne Lob und Preis,
der uns erkauft das Paradeis.

3. April

Tausend, tausend Dinge,
die wir nicht verstehn,
und die doch im Ringe
Deiner Schöpfung gehn,
müssen Rätsel heißen
und Geheimnis nur…
Tastend nur umkreisen
wir, Gott, Deine Spur.

4. April

Ich fragte:
Wer wird mir
den Stein wegwälzen
von dem Grab
meiner Hoffnung
den Stein
von meinem Herzen
diesen schweren Stein?

Mir ist ein Stein
vom Herzen genommen:
meine Hoffnung
die ich begrub
ist auferstanden
wie er gesagt hat
er lebt er lebt
er geht mir voraus!

Auf Herz! Wach und bedenke,
daß dieser Zeit Geschenke
den Augenblick nur dein!
Was du zuvor genossen
ist, als ein Strom, verschossen.
Was künftig – wessen wird es sein?

6. April

Aus dem Wessobrunner Gebet

Wir gestand der Sterblichen Staunen als das Größte
daß Erde nicht war noch oben Himmel
noch irgend ein Baum noch Berg nicht war
noch Sonne nicht schien
noch Mond nicht licht war noch die mächtige See.
Da dort nirgends nichts war an Enden und Wenden
da war doch der eine allmächtige Gott . . .

7. April

Von Regen rauscht und rinnt die Nacht,
daß ich aus Träumen aufgewacht.
So rauscht es nun schon Tag um Tag,
weiß Gott, wie das noch enden mag.
Weiß Gott? Die Amsel weiß es auch:
saß gestern abends naß im Strauch,
und ob die Welt auch schier ertrank,
der Strauch war grün, die Amsel sang.

8. April

Und wenn der Himmel regnen will,
so weiß er, was er tut,
er spielt ein großes Gnadenspiel
mit seiner warmen Flut.
Er läßt die Läublein sprießen
auf Bergen und auf Wiesen.

Und wenn der Himmel Schmerzen gibt,
so ist es recht und gut.
Ich weiß, daß er mich dennoch liebt
und habe frohen Mut.
Es wird mir wohl gedeihen
wie Regenflut im Maien.

Und wenn die Gänslein barfuß gehn,
so hat es Gott gewollt,
und muß ich als ihr Hirte stehn,
so hab ich es gesollt.
So will ich auf dem Rasen
der Freude Flöte blasen.

9. April

Die linden Lüfte sind erwacht,
sie säuseln und weben Tag und Nacht,
sie schaffen an allen Enden.
O frischer Duft, o neuer Klang!
Nun, armes Herze, sei nicht bang!
Nun muß sich alles, alles wenden.

Die Welt wird schöner mit jedem Tag,
man weiß nicht, was noch werden mag,
das Blühen will nicht enden.
Es blüht das fernste, tiefste Tal;
nun, armes Herz, vergiß der Qual!
Nun muß sich alles, alles wenden.

10. April

Ich sahe mit betrachtendem Gemüte
jüngst einen Kirschbaum, welcher blühte,
in kühler Nacht beim Mondenschein,
ich glaubt', es könne nichts von größrer Weiße sein.
Es schien, als wär ein Schnee gefallen,
ein jeder, auch der kleinste Ast,
trug gleichsam eine rechte Last
von zierlich weißen, runden Ballen.
Es ist kein Schwan so weiß, da nämlich jedes Blatt,
indem daselbst des Mondes weißes Licht
selbst durch die weißen Blätter bricht,
sogar den Schatten weiß und sonder Schwärze hat.
Unmöglich, dacht ich, kann auf Erden
was Weißers aufgefunden werden.

11. April

Indem ich nun bald hin, bald her
im Schatten dieses Baumes gehe,
sah ich von ungefähr
durch alle Blumen in die Höhe
und ward noch einen weißern Schein,
der tausendmal so weiß, der tausendmal so klar,
fast halb darob erstaunt, gewahr.
Der Blüte Schnee schien schwarz zu sein
bei diesem weißen Glanz. Es fiel mir ins Gesicht
von einem hellen Stern ein weißes Licht,
das mir recht in die Seele strahlte.

Wie sehr ich mich an Gott im Irdischen ergetze,
dacht ich, hat er dennoch weit größre Schätze.
Die größte Schönheit dieser Erden
kann mit der himmlischen doch nicht verglichen werden.

Die Hecken rings begrünen sich zumal.
Der alte Eichbaum dunkelt schroff und kahl.
Ihm ist's genug, daß er von früh bis spät
in einem Kranz von Anemonen steht.

Zur Nacht, wie wird die Erde grau und leer,
wie raunt der Wind, wie rauscht das ferne Wehr!
. . . Ob er der zarten Anemonen denkt,
wenn seine Krone voller Sterne hängt?

13. April

Das ist die Drossel, die da schlägt,
der Frühling, der mein Herz bewegt;
ich fühle, die sich hold bezeigen,
die Geister aus der Erde steigen.
Das Leben fließet wie ein Traum –
mir ist wie Blume, Blatt und Baum.

14. April

Am Straßenrand, bedeckt mit Staub,
blüht eine Nessel, die ist taub.
Sie blüht bei Sonnenschein und Frost,
mühselig, aber doch getrost.
Dereinst am Tage des Gerichts
(sie hört von den Posaunen nichts)
wird Gott ihr einen Boten schicken,
der wird die taube Nessel pflücken
und in den siebten Himmel bringen.
Dort hört auch sie die Engel singen.

15. April

Ich ging im Walde
so für mich hin,
und nichts zu suchen,
das war mein Sinn.

Im Schatten sah ich
ein Blümlein stehn,
wie Sterne leuchtend,
die Äuglein schön.

Ich wollt es brechen,
da sagt' es fein:
Soll ich zum Welken
gebrochen sein?

Ich grubs mit allen
den Würzlein aus,
zum Garten trug ichs
am hübschen Haus.

Und pflanzt' es wieder
am stillen Ort.
Nun zweigt es wieder
und blüht so fort.

16. April

Voll Blüten steht der Pfirsichbaum,
nicht jede wird zur Frucht,
sie schimmern hell wie Rosenschaum
durch Blau und Wolkenflucht.

Wie Blüten gehn Gedanken auf,
hundert an jedem Tag –
Laß blühen! Laß dem Ding den Lauf!
Frag nicht nach dem Ertrag!

Es muß auch Spiel und Unschuld sein
und Blütenüberfluß,
sonst wär die Welt uns viel zu klein
und Leben kein Genuß.

17. April

Der Vogel singt
und fragt nicht, wer ihm lauscht.
Die Quelle rinnt
und fragt nicht, wem sie rauscht.
Die Blume blüht
und fragt nicht, wer sie pflückt.
O sorge, Herz,
daß gleiches Tun dir glückt.

18. April

Wie liegt die Welt so frisch und tauig
vor mir im Morgensonnenschein.
Entzückt vom hohen Hügel schau ich
ins frühlingsgrüne Tal hinein.

Mit allen Kreaturen bin ich
in schönster Seelenharmonie.
Wir sind verwandt, ich fühl es innig,
und eben darum lieb ich sie.

Und wird auch mal der Himmel grauer:
Wer voll Vertraun die Welt besieht,
den freut es, wenn ein Regenschauer
mit Sturm und Blitz vorüberzieht.

Es ist doch im April fürwahr
der Frühling weder halb noch gar!
Komm, Rosenbringer, süßer Mai,
komm du herbei!
So weiß ich, was der Frühling sei.

– Wie aber? Soll die erste Gartenpracht,
Narzissen, Primeln, Hyazinthen,
die kaum die hellen Äuglein aufgemacht,
schon welken und verschwinden?
Und mit euch besonders, holde Veilchen,
wär's dann fürs ganze Jahr vorbei?
Lieber, lieber Mai,
ach, so warte noch ein Weilchen!

20. April

Veilchen säumen den Weg,
Augen von Erdbeerblüten,
Maiglöckchen.
Der Kuckuck begleitet mich
Ruf um Ruf
auf einem Weg, der nicht der meine ist.
Ein blumenbestandener,
nur nicht der meine.
Nie hab ich die anderen
so darauf angesehn,
ob der Weg unter ihren Füßen
der ihre ist.

21. April

Halt an, wo läufst du hin,
der Himmel ist in dir:
Suchst du Gott anderswo,
du fehlst ihn für und für.

22. April

Herr, laß mich werden, der ich bin
In jedem Augenblick.
Und gib, daß ich von Anbeginn
Mich schick in mein Geschick.

Ich spür, daß eine Hand mich hält
Und führt, – bin ich auch nur
Auf schwarzem oder weißem Feld
Die stumme Schachfigur.

23. April

Auf meinen lieben Gott
trau ich in Angst und Not;
der kann mich allzeit retten
aus Trübsal, Angst und Nöten,
mein Unglück kann er wenden,
steht all's in seinen Händen.

Die Ehre dieser Welt
vergeht in kurzer Zeit;
ach, suche doch die Ehr
der ewgen Seligkeit.

25. April

Es kann die Ehre dieser Welt
dir keine Ehre geben,
was dich in Wahrheit hebt und hält,
muß in dir selber leben.

Das flücht'ge Lob, des Tages Ruhm
magst du dem Eitlen gönnen,
das aber sei dein Heiligtum:
vor dir bestehen können.

Stengelloser Enzian

Bist du verzagt,
weil dich so vieles überragt?
Schau in dies holde Angesicht
und merk: Am Stengel liegt es nicht.

27. April

Die Wolken glühen abendschön.
Mein Herz, was willst du traurig sein?
Sieh in das Leuchten nur hinein.
Laß alles Dunkle unter dir.

Denn was dich Untergehen dünkt,
ist Aufgehn einer andern Flur.
Es ist doch alles Wandel nur.
Du mußt es wahrlich erst verstehn.

Die Wolken glühen abendschön.
Sieh in das Leuchten froh hinein,
mein Herz, und laß das Traurigsein.
Es kann und kann dir nichts geschehn.

Es wird nicht immer dunkel sein,
die Wolken werden bald verschwinden,
die Sonne wird sich wiederfinden
und Finsternis und Nacht zerstreun;
es wird nicht immer dunkel sein.

29. April

Lied zur Nacht

Nun geht der Tag zu Ende,
Schon schweigen die vier Wände,
Zum Schatten wird der Baum.
Laß in die Nacht uns münden
Und Herz zum Herzen finden.
Auf blassen Segeln schwimmt ein Traum.

Nun spür ich deine Nähe.
Daß dir kein Arg geschehe,
– So schlicht sei mein Gebet.
Die schwarzen Nachtgedanken,
Sie welkten schon, versanken,
Von deinen Händen fortgeweht.

Nun steigt auf Silberflügeln,
Aus roten Wolkenhügeln
Der späte Abendwind.
Laß drin uns Engel schauen
Mit gläubigem Vertrauen
...Wie einst das demutvolle Kind.

Margeriten

O daß ihr noch blühet, ihr leuchtenden Sterne,
mit goldener Krone im strahlenden Kranz!
Ihr kindlich Geliebten, wie trinke ich gerne
mit durstigen Augen den köstlichen Glanz!

O lautere Lichter voll himmlischer Klarheit,
vom Kinde geahnt an den Pforten der Welt!
Es beugt sich, ergriffen von göttlicher Wahrheit,
mein Herz vor dem Licht, das das Dunkel erhellt.

Mai

Grüß Gott, du schöner Maien,
da bist du wiedrum hier,
tust jung und alt erfreuen
mit deiner Blumenzier.
Die lieben Vöglein alle,
die singen also hell,
Frau Nachtigall mit Schalle
hat die die fürnehmste Stell.

Die kalten Wind verstummen,
der Himmel ist gar blau,
die lieben Bienlein summen
daher von grüner Au.
O holde Lust im Maien,
da alles neu erblüht,
du kannst mich sehr erfreuen,
mein Herz und mein Gemüt.

1. Mai

Der Anger steht so grün, so grün,
die blauen Veilchenglocken blühn,
und Schlüsselblumen drunter,
der Wiesengrund
ist schon so bunt
und färbt sich täglich bunter.

Drum komme, wem der Mai gefällt,
und freue sich der schönen Welt
und Gottes Vatergüte,
die diese Pracht
hervorgebracht,
den Baum und seine Blüte.

2. Mai

Die Amseln haben Sonne getrunken,
aus allen Gärten strahlen die Lieder,
in allen Herzen nisten die Amseln,
und alle Herzen werden zu Gärten
und blühen wieder.

Nun wachsen der Erde die großen Flügel
und allen Träumen neues Gefieder,
alle Menschen werden wie Vögel
und bauen Nester im Blauen.

Nun sprechen die Bäume in grünem Gedränge
und rauschen Gesänge zur hohen Sonne,
in allen Seelen badet die Sonne,
alle Wasser stehen in Flammen,
Frühling bringt Wasser und Feuer
liebend zusammen.

3. Mai

Die beste Zeit im Jahr ist mein,
da singen alle Vögelein,
Himmel und Erde ist der voll,
viel gut Gesang der lautet wohl.

Voran die liebe Nachtigall
macht alles fröhlich überall
mit ihrem lieblichen Gesang,
des muß sie haben immer Dank.

Vielmehr der liebe Herre Gott,
der sie also geschaffen hat,
zu sein die rechte Sängerin,
der Musika ein Meisterin.

Dem singt und springt sie Tag und Nacht,
seins Lobes sie nichts müde macht;
den ehrt und lobt auch mein Gesang
und sagt ihm einen ewgen Dank.

In dichtverwachsnem Laub verborgen
sang eine Nachtigall einst einen Frühlingsmorgen;
bald tönten Lieder überall,
sie sangen ihm aus vollem Halse Lieder,
und Tal und Hügel hallten wieder –
da schwieg die Nachtigall.

5. Mai

Schläft ein Lied in allen Dingen,
die da träumen fort und fort,
und die Welt fängt an zu singen,
triffst du nur das Zauberwort.

6. Mai

Was regt sich in der Dämmerung
wie lautlos leises Klingen?
– Es ist der Tag, der schon beginnt
sein schaffend Lied zu singen.

7. Mai

Fang an den Tag mit Freude!
Schau froh ins frühe Licht!
Gott zeigt der Welt auch heute
gar freundlich sein Gesicht.

8. Mai

Was frag ich viel nach Geld und Gut,
wenn ich zufrieden bin!
Gibt Gott mir nur gesundes Blut,
so hab ich frohen Sinn
und sing mit dankbarem Gemüt
mein Morgen- und mein Abendlied.

So mancher schwimmt im Überfluß,
hat Haus und Hof und Geld,
und ist doch immer voll Verdruß
und freut sich nicht der Welt.
Je mehr er hat, je mehr er will;
nie schweigen seine Klagen still.

Und uns zu Liebe schmücken ja
sich Wiese, Berg und Wald;
und Vögel singen fern und nah,
daß alles widerhallt.
Bei Arbeit singt die Lerch uns zu,
die Nachtigall bei süßer Ruh.

Und wenn die goldne Sonn aufgeht,
und golden wird die Welt,
wenn alles in der Blüte steht
und Ähren trägt das Feld,
dann denk ich: Alle diese Pracht
hat Gott zu meiner Lust gemacht.

Alles ist an Gottes Segen
und an seiner Gnad gelegen
über alles Geld und Gut.
Wer auf Gott sein Hoffnung setzet,
der behält ganz unverletzet
einen freien Heldenmut.

10. Mai

Was verkürzt mir die Zeit?
Tätigkeit!
Was macht sie unerträglich lang?
Müßiggang!
Was bringt in Schulden?
Harren und dulden!
Was macht gewinnen?
Nicht lange besinnen!
Was bringt zu Ehren?
Sich wehren!

11. Mai

Wer schneller sich will als andere sputen,
verfehlt nicht selten ganz das Ziel:
Wißt, eine Uhr, die in fünfzig Minuten
die Stunde zurücklegt, taugt nicht viel.

12. Mai

Du wirst es nie zu Tücht'gem bringen
bei deines Grames Träumerein,
die Tränen lassen nichts gelingen:
Wer schaffen will, muß fröhlich sein.

Wohl Keime wecken mag der Regen,
der in die Scholle niederbricht,
doch golden Korn und Erntesegen
reift nur heran bei Sonnenlicht.

13. Mai

Mensch, richte dich doch auf.
Wie soll dich Gott erheben,
wenn du mit ganzer Macht
bleibst an der Erde kleben.

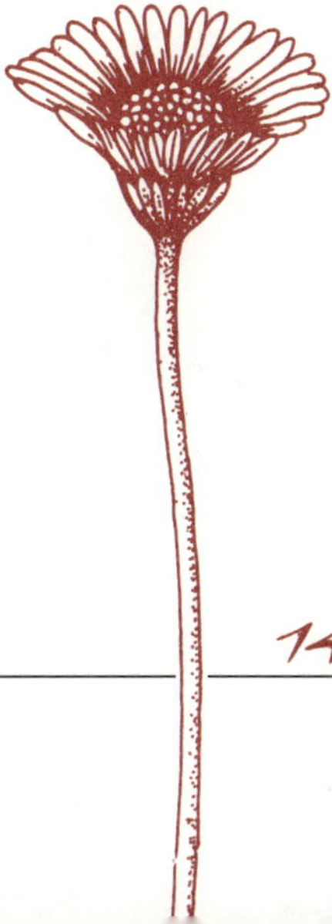

14. Mai

Rotdorn meiner Kinderjahre.
Unterm roten Rotdorndach
bin ich ein- und ausgegangen.
Und der Rotdorn ging mir nach.
Roter Rotdorn meiner Kindheit.
Straßenbaum der kleinen Stadt,
die ich liebte, die mich liebte,
die mich aufgezogen hat.

15. Mai

Klein ist, mein Kind, dein erster Schritt,
klein wird dein letzter sein.
Den ersten gehn Vater und Mutter mit,
den letzten gehst du allein.

Seis um ein Jahr, dann gehst du, Kind,
viel Schritte unbewacht;
wer weiß, was das dann für Schritte sind
im Licht und in der Nacht?

Geh kühnen Schritt, tu tapfren Tritt,
groß ist die Welt und dein.
Wir werden, mein Kind, nach dem letzten Schritt
wieder beisammen sein.

16. Mai

An mein Kind

Dir will ich meines Liebsten Augen geben
Und seiner Seele flammenreines Glühn.
Ein Träumer wirst du sein und dennoch kühn
Verschloßne Tore aus den Angeln heben.

Wirst ausziehn, das gelobte Glück zu schmieden.
Dein Weg sei frei. Denn aller Weisheit Schluß
Bleibt doch zuletzt, daß jedermann hinieden
All seine Fehler selbst begehen muß.

Ich kann vor keinem Abgrund dich bewahren,
Hoch in die Wolken hängte Gott den Kranz.
Nur eines nimm von dem, was ich erfahren:
Wer du auch seist, nur eines – sei es ganz!

Du bist, vergiß es nicht, von jenem Baume,
Der ewig zweigte und nie Wurzeln schlug.
Der Freiheit Fackel leuchtet uns im Traume –
Bewahr den Tropfen Öl im alten Krug!

17. Mai

Aus dem Tobiassegen

Der Gott, dem nichts verborgen ist,
der müsse dich behüten
aus väterlicher Güte:
Über Feld und durch Wald,
vor allen Nöten mannigfalt,
vor Hunger und vor Dürsten,
vor Hitze und vor Frösten.
Gesegnet sei dein Weg
über Straße und über Steg.
Im Frieden Gottes du fahr.
Der heilige Geist dich bewahr.

18. Mai

Ich liebe dich, weil ich dich lieben muß;
ich liebe dich, weil ich nicht anders kann;
ich liebe dich nach einem Himmelsschluß;
ich liebe dich durch einen Zauberbann.
Dich lieb ich wie die Rose ihren Strauch;
dich lieb ich wie die Sonne ihren Schein;
dich lieb ich, weil du bist mein Lebenshauch;
dich lieb ich, weil dich lieben ist mein Sein.

19. Mai

Liebes Kind, es ist die Welt
zwar ein Haus mit vielen Türen,
aber also ist's bestellt:
Bis zur Tür kann ich dich führen,
klopfen mußt du dann und klinken
an der Türe ganz allein,
ob dir Glück, ob Schmerzen winken,
Glück und Schmerzen werden dein.
Komm und geh und tritt herfür,
segnen werden dich die beiden –
Glaub mir: an der letzten Tür
sind sie nicht zu unterscheiden.

Will das Glück nach seinem Sinn
dir was Gutes schenken,
sage Dank und nimm es hin
ohne viel Bedenken!

Jede Gabe sei begrüßt,
doch vor allen Dingen:
Das, worum du dich bemühst,
möge dir gelingen!

21. Mai

Solang du nach dem Glücke jagst,
bist du nicht reif zum Glücklichsein,
und wäre alles Liebste dein.

Solang du um Verlornes klagst
und Ziele hast und rastlos bist,
weißt du noch nicht, was Friede ist.

Erst wenn du jedem Wunsch entsagst
nicht Ziel mehr noch Begehren kennst,
das Glück nicht mehr mit Namen nennst,

dann reicht dir des Geschehens Flut
nicht mehr ans Herz, und deine Seele ruht.

22. Mai

Genieße, was dir Gott beschieden,
entbehre gern, was du nicht hast.
Ein jeder Stand hat seinen Frieden,
ein jeder Stand hat seine Last!

23. Mai

Du, Herr, hast selbst in Händen
die ganze weite Welt,
kannst Menschenherzen wenden,
wie es dir wohlgefällt;
so gib doch deine Gnad
zu Fried und Liebesbanden,
verknüpf in allen Landen,
was sich getrennet hat.

An einem Sommermorgen
da nimm den Wanderstab,
es fallen deine Sorgen
wie Nebel von dir ab.

Des Himmels heitre Bläue
lacht dir ins Herz hinein
und schließt, wie Gottes Treue,
mit seinem Dach dich ein.

Rings Blüten nur und Triebe
und Halme von Segen schwer,
dir ist, als zöge die Liebe
des Weges nebenher.

So heimlich alles klingt
als wie im Vaterhaus;
und über die Lerchen schwingt
die Seele sich hinaus.

25. Mai

Mein Auge sieht, wohin es blickt,
die Wunder deiner Werke;
der Himmel, prächtig ausgeschmückt,
preist dich, du Gott der Stärke.
Wer hat die Sonn an ihm erhöht?
Wer kleidet sie mit Majestät?
Wer ruft dem Heer der Sterne?

Wer mißt dem Winde seinen Lauf?
Wer heißt die Himmel regnen?
Wer schließt den Schoß der Erde auf,
mit Vorrat uns zu segnen?
O Gott der Macht und Herrlichkeit,
Gott, deine Güte reicht so weit,
so weit die Wolken reichen.

26. Mai

Es kann schon nicht alles so bleiben
hier unter dem wechselnden Mond;
es blüht eine Zeit und verwelket,
was mit uns die Erde bewohnt.

Wir sitzen so fröhlich beisammen,
wir haben uns alle so lieb,
wir heitern einander das Leben;
ach, wenn es doch immer so blieb!

Doch weil es nicht immer kann bleiben,
so haltet die Freude recht fest!
Wer weiß denn, wie bald uns zerstreuet
das Schicksal nach Ost und nach West.

27. Mai

Die Red ist uns gegeben,
damit wir nicht allein
für uns nur sollen leben
und fern von Leuten sein:
wir sollen uns befragen
und sehn auf guten Rat,
das Leid einander klagen,
so uns betreten hat.

Was kann die Freude machen,
die Einsamkeit verhehlt?
Das gibt ein doppelt Lachen,
was Freunden wird erzählt.
Der kann sein Leid vergessen,
der es von Herzen sagt;
der muß sich selbst auffressen,
der insgeheim sich nagt.

Ist das Wort der Lipp' entflohen,
du ergreifst es nimmermehr,
fährt die Reu auch mit vier Pferden
augenblicklich hinterher.

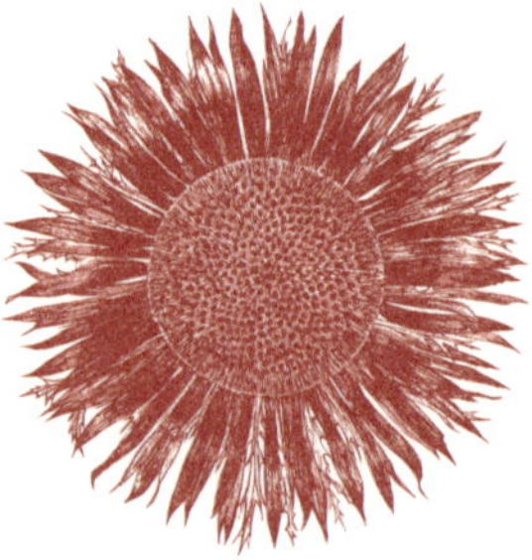

29. Mai

Wir sind des Fingerzeigens,
der plumpen Worte satt.
Wir woll'n den Klang des Schweigens,
das uns erschaffen hat.

Gewalt und Gier und Wille
der Lärmenden zerschellt.
O komm, Gewalt der Stille,
und wandle du die Welt.

Pfingstrose

Verhaucht sein stärkstes Düften
hat rings der bunte Flor,
und leiser in den Lüften
erschallt der Vögel Chor.

Des Frühlings reichstes Prangen
fast ist es schon verblüht –
die zeitig aufgegangen,
die Rosen sind verblüht.

Doch leuchtend will entfalten
Päonie ihre Pracht,
von hehren Pfingstgewalten
im Tiefsten angefacht.

Gleich einer späten Liebe,
die lang in sich geruht,
bricht sie mit mächtgem Triebe
jetzt aus in Purpurglut.

31. Mai

Juni

Freuet euch der schönen Erde,
denn sie ist wohl wert der Freud.
O, was hat für Herrlichkeiten
unser Gott da ausgestreut!

Und doch ist sie seiner Füße
reichgeschmückter Schemel nur,
ist nur eine schön begabte,
wunderreiche Kreatur.

Freuet euch an Mond und Sonne
und den Sternen allzumal,
wie sie wandeln, wie sie leuchten
über unserm Erdental.

Und doch sind sie nur Geschöpfe
von des höchsten Gottes Hand,
hingesät auf seines Thrones
weites, glänzendes Gewand.

Wenn am Schemel seiner Füße
und am Thron schon solcher Schein,
o, was muß an seinem Herzen
erst für Glanz und Wonne sein.

Ein kleines Lied. Wie gehts nur an,
daß man so lieb es haben kann,
was liegt darin? Erzähle!

Es liegt darin ein wenig Klang,
ein wenig Wohllaut und Gesang
und eine ganze Seele.

2. Juni

Lieber Gott, die Linden blühn!
Lieber Gott, was hab ich getan,
daß ich in Mauern wohnen muß?
Draußen im Land deine Bäume sind grün,
hier hängt alles voll Ruß.

Ich kaufe mir eine Rose um Geld –
Rosen sind besser als Brot.
Ich habe sie neben mein Kissen gestellt,
sie blüht und duftet sich tot.

Lieber Gott, in mein Zimmer
scheint jetzt der Mond –
Ach, warum hab ich immer,
immer in Städten gewohnt?

3. Juni

Und wenn du jetzt aufwachst morgens …
ganz leis und fein
spielt um die Dächer
der Sonnenschein!

4. Juni

Das macht, es hat die Nachtigall
die ganze Nacht gesungen;
da sind von ihrem süßen Schall,
da sind in Hall und Widerhall
die Rosen aufgesprungen.

5. Juni

Mein vollerblühter Rosengarten ist
der Nachtigall geliebter Aufenthalt.

Ich darfs nicht wagen, eine Rose nur
zu pflücken, – denn ein schwermutvolles Lied,

das mir die Seele ganz zusammenschnürt,
kommt dann wie hilfeflehend durch die Luft.

6. Juni

Frühlingswald. Lichtes Lärchengrün.
Sandweg. Bald wird der Ginster blühn.
Ginstergelb fängt der Juni an.
Brennt den Frühling aus,
der grad begann.
Immer die Sehnsucht zu weit voraus.
Immer nur halb daheim und zu Haus.

7. Juni

Die Seel, ein ewger Geist,
ist über alle Zeit:
Sie lebt auch in der Welt
schon in der Ewigkeit.

8. Juni

Mein sind die Jahre nicht,
die mir die Zeit genommen,
Mein sind die Jahre nicht,
die etwa möchten kommen;
Der Augenblick ist mein,
und nehm ich den in acht,
so ist der mein,
der Jahr und Ewigkeit gemacht.

9. Juni

Uralte Ölbäume stehen
auf steilen Terrassen am Meer,
sie sehen die Wolken wehen,
die Wellen kommen und gehen
von weit, weit her.

Uralte Ölbäume fragen:
Was zählt ihr Menschen die Zeit
nach Stunden, Jahren und Tagen –
laßt das vergebliche Klagen
um die Vergänglichkeit.

Vom Seesturm gebeugt und zerrissen
in Dürre und Dunkelheit –
uralte Ölbäume wissen
von Frieden und Ewigkeit.

10. Juni

Der Weiher

Er liegt so still im Morgenlicht,
so friedlich wie ein fromm Gewissen;
wenn Weste seinen Spiegel küssen,
des Ufers Blume fühlt es nicht;
Libellen zittern über ihn
blaugoldne Stäbchen und Karmin,
und auf des Sonnenbildes Glanz
die Wasserspinne führt den Tanz;
Schwertlilienkranz am Ufer steht
und horcht des Schilfes Schlummerliede;
ein lindes Säuseln kommt und geht,
als flüstre's: Friede! Friede! Friede! –

Lobt Gott in allen Landen
und laßt uns fröhlich sein:
der Sommer ist vorhanden,
die Sonn gibt hellen Schein,
der Winter ist vergangen,
das Feld ist voller Frücht,
die wir von Gott empfangen,
wie man vor Augen sieht.

Herr, gib durch deinen Segen
den lieben Sonnenschein,
dazu den sanften Regen,
die du uns schaffst allein.
Die Frücht im Feld vermehre,
behüt vor Reif und Schloß
und allem Unheil wehre.
Dein Güt und Macht ist groß.

Ich zog eine Winde am Zaune,
und was sich nicht wollte winden
von Ranken nach meiner Laune,
begann ich dann anzubinden
und dachte, für meine Mühen
sollt es nun fröhlich blühen.
Doch bald hab ich gefunden,
daß ich umsonst mich mühte,
nicht, was ich angebunden,
war, was am schönsten blühte,
sondern, was ich ließ ranken
nach seinen eignen Gedanken.

13. Juni

Ein Mensch ist fest dazu entschlossen:
Das gute Kräutchen wird begossen,
das schlechte Unkraut ausgerottet. –
Doch ach, des Lebens Wachstum spottet,
und oft fällt's schwer, sich zu entschließen:
Soll man nun rotten oder gießen?

14. Juni

Kindheitsgarten

Als ich dein war,
weißt du es noch?
Als mir das Haar
nach deinem Odem roch,
tauig und naß
voll deiner Tränen hing,
als mir dein Gras
noch bis zur Schulter ging,
als meine Hand,
braun und klein wie ein Tier,
aufwarf den Sand,
wühlte zum Herzen dir –
Weißt du es noch? –
Rund war mein Knie,
von deinen Rinden zerrissen ...
Ach, du – ich weiß – aber wie
solltest du wissen –

15. Juni

Der Tag ist seiner Höhe nah.
Nun blick zum Höchsten auf,
der schützend auf dich niedersah
an jedes Tages Lauf.

Wie laut dich auch der Tag umgibt,
jetzt halte lauschend still,
weil er, der dich beschenkt und liebt,
die Gabe segnen will.

Er segnet dich in Dorf und Stadt,
in Keller, Kammer, Feld.
Was dir der Herr gesegnet hat,
bleibt fortan wohlbestellt.

Er segnet deiner Bäume Frucht,
dein Kind, dein Land, dein Vieh.
Er segnet, was den Segen sucht.
Die Gnade schlummert nie.

Ich bin die Mutter Sonne und trage
die Erde bei Nacht, die Erde bei Tage.
Ich halte sie fest und strahle sie an,
daß alles auf ihr wachsen kann.
Stein und Blume, Mensch und Tier,
alles empfängt sein Licht von mir.
Tu auf dein Herz wie ein Becherlein,
denn ich will leuchten auch dort hinein!
Tu auf dein Herzlein, liebes Kind,
daß wir ein Licht zusammen sind!

17. Juni

Ach du klarblauer Himmel,
und wie schön bist du heut,
möcht ans Herz gleich dich drücken
vor Jubel und Freud.
Aber 'sgeht doch nicht an,
denn du bist mir zu weit,
und mit all meiner Freud,
was fang ich doch an?

Und da sah ich mein Lieb
unterm Lindenbaum stehn,
war so klar wie der Himmel,
wie die Erde so schön;
und wir küßten uns beid,
und wir sangen vor Lust,
und da hab ich gewußt,
wohin mit der Freud!

Fliegen im Juni auf weißer Bahn
flimmernde Monde vom Löwenzahn,
liegst du, Marie, im Wiesenschaum,
löschend der Monde flockenden Flaum.

Wenn du sie hauchend im Winde drehst,
Kugel auf Kugel sich weiß zerbläst.
Lampen, die stäubend im Sommer stehn,
wo die Dochte noch wolliger wehn.

Leise segelt das Löwenzahnlicht
über dein weißes Wiesengesicht,
segelt wie eine Wimper blaß
in das zottig wogende Gras.

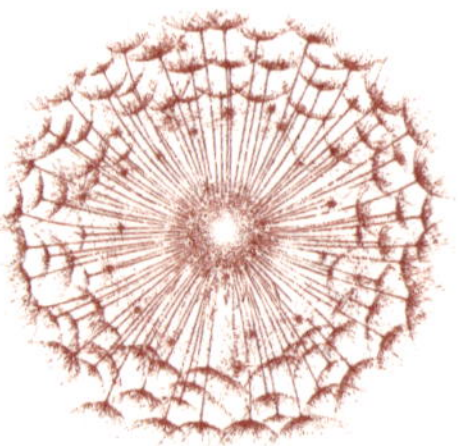

Wenn es so weiß im Juni schneit,
denkst du, Marie, an die Zittergraszeit,
da ich von deinem Gesicht nicht ließ,
als sich der Löwenzahn weiß zerblies.

19. Juni

Warum am lichten Sommertag
das Zittergras wohl zittern mag?

Im Erdreich fühlts den Höllenwurm,
in Lüften Gottes Atemsturm.

Du, Mensch, mit deinem Hirngewicht,
du spürst das nicht.

20. Juni

Liebesgedicht

Als die Heckenrosen blühten,
saßen wir still am Feldrand.
Mein Kopf lag auf deinem Schoß,
ich hörte Vögel singen,
Bienen summen,
spürte die Sonne,
den leichten Wind
und dich
– und ich wollte nichts
wissen davon,
daß Heckenrosen verblühen.

21. Juni

Liebe schwärmt auf allen Wegen,
Treue wohnt für sich allein;
Liebe kommt euch rasch entgegen,
aufgesucht will Treue sein.

Es haben meine wilden Rosen,
erschauernd vor dem Hauch der Nacht,
die windelleichten, lichten, losen
Blüten behutsam zugemacht.
Doch sind sie so voll Licht gesogen,
daß es wie Schleier um sie weht.
Und daß die Nacht in scheuem Bogen
am Rosenbusch vorübergeht.

23. Juni

Hör, es klagt die Flöte wieder,
und die kühlen Brunnen rauschen.
Golden wehn die Töne nieder,
stille, stille, laß uns lauschen!

Holdes Bitten, mild Verlangen,
wie es süß zum Herzen spricht!
Durch die Nacht, die mich umfangen,
blickt zu mir der Töne Licht.

Des Vogels Aug verschleiert sich;
er fällt in Schlaf auf seinem Baum,
der Wald verwandelt sich in Traum
und wird so tief und feierlich.

Der Mond, der stille, steigt empor;
die kleine Kehle zwitschert matt.
Im ganzen Walde schwingt kein Blatt.
Fern läutet, fern, der Sterne Chor.

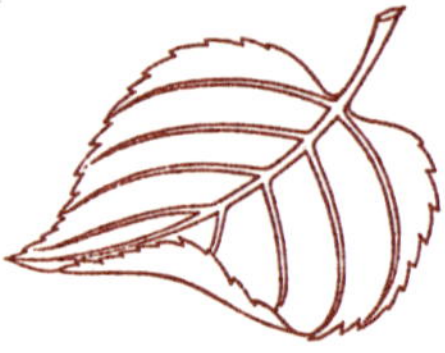

25. Juni

Komm, Trost der Nacht, o Nachtigall!
Laß deine Stimm mit Freudenschall
aufs lieblichste erklingen!
Komm, komm, und lob den Schöpfer dein,
weil andre Vögel schlafen ein
und nicht mehr mögen singen!
Laß dein Stimmlein laut erschallen,
denn vor allen
kannst du loben
Gott im Himmel hoch dort oben.

Obschon ist hin der Sonnenschein,
und wir im Finstern müssen sein,
so können wir doch singen
von Gottes Güt und seiner Macht,
weil uns kann hindern keine Nacht,
sein Loblied zu vollbringen.
Drum dein Stimmlein laß erschallen,
denn vor allen
kannst du loben
Gott im Himmel hoch dort oben.

Schweigt der Menschen laute Lust:
rauscht die Erde wie in Träumen
wunderbar mit allen Bäumen,
was dem Herzen kaum bewußt,
alte Zeiten, leise Schauer
wetterleuchtend durch die Brust.

27. Juni

Mondnacht

Es war, als hätt der Himmel
die Erde still geküßt,
daß sie im Blütenschimmer
von ihm nun träumen müßt.

Die Luft ging durch die Felder,
die Ähren wogten sacht,
es rauschten leis die Wälder,
so sternklar war die Nacht.

Und meine Seele spannte
weit ihre Flügel aus,
flog durch die stillen Lande,
als flöge sie nach Haus.

Über mir, so weit, ach, weit
ohne Zahl die Sterne funkeln,
gehn und glühen hoch im Dunkeln,
und ich weiß nicht Raum und Zeit.

Weiß woher nicht und wohin
diese Welten rastlos wandern,
weiß nur, daß ich mit den andern,
ihnen gleich, ein Wandrer bin.

Doch für mich und jeden Stern –
weiß ich auch nicht Ziel und Ende –
weiß ich bergend Gottes Hände,
überall den gleichen Herrn.

Gottes ist der Orient!
Gottes ist der Okzident!
Nord- und südliches Gelände
ruht im Frieden seiner Hände.

30. Juni

Jetzt weiß ich es, jetzt sah ich es von nah
wie Lilien leben und daß sie nicht spinnen;
so oft man eintritt stehn sie dicht in Sinnen,
vielleicht in Träumen stehn sie da.

Der Dichter aber spinnt für sie.

Und doch ist Kraft in ihnen, und die Luft
um sie ist warm von ihrer Kraft;
sie hängen wie Glocken einer weißen Leidenschaft,
die niemals läuten, in dem Turm aus Duft.

Der Dichter aber klingt für sie.

Juli

Geh aus, mein Herz, und suche Freud
in dieser lieben Sommerzeit,
an deines Gottes Gaben:
schau an der schönen Gärten Zier
und siehe, wie sie mir und dir
sich ausgeschmücket haben.

Die Bäume stehen voller Laub,
das Erdreich decket seinen Staub
mit einem grünen Kleide.
Narzissen und die Tulipan,
die ziehen sich viel schöner an
als Salomonis Seide.

Ach, denk ich, bist du hier so schön
und läßt du's uns so lieblich gehn
auf dieser armen Erden:
was will doch wohl nach dieser Welt
dort in dem reichen Himmelszelt
und güldnen Schlosse werden!

1. Juli

Was nah ist und was ferne,
von Gott kommt alles her!
Der Strohhalm und die Sterne,
der Sperling und das Meer.
Von ihm sind Büsch und Blätter,
und Korn und Obst von ihm,
von ihm mild Frühlingswetter
und Schnee und Ungestüm.
Er, er macht Sonnaufgehen,
er stellt des Mondes Lauf,
er läßt die Winde wehen,
er tut den Himmel auf.

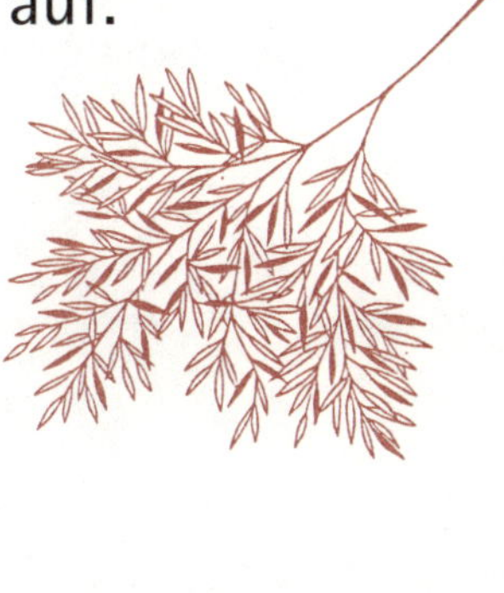

2. Juli

Der Bauer steht vor seinem Feld
und zieht die Stirne kraus in Falten:
»Ich hab den Acker wohl bestellt,
auf reine Aussaat streng gehalten;
nun seh mir eins das Unkraut an;
das hat der böse Feind getan.«

Da kommt sein Knabe hochbeglückt,
mit bunten Blumen reich beladen;
im Felde hat er sie gepflückt,
Kornblumen sind es, Mohn und Raden;
er jauchzt: »Sieh, Vater, nur die Pracht!
Die hat der liebe Gott gemacht.«

3. Juli

Sommernacht

Es wallt das Korn weit in die Runde
und wie ein Meer dehnt es sich aus;
doch liegt auf seinem stillen Grunde
nicht Seegewürm noch andrer Graus;
da träumen Blumen nur von Kränzen
und trinken der Gestirne Schein.
O goldnes Meer, dein friedlich Glänzen
saugt meine Seele gierig ein.

4. Juli

Es schienen so golden die Sterne,
am Fenster ich einsam stand
und hörte aus weiter Ferne
ein Posthorn im stillen Land.
Das Herz mir im Leibe entbrennte,
da hab ich mir heimlich gedacht;
ach, wer da mitreisen könnte
in der prächtigen Sommernacht!

5. Juli

Ich stand vom Lärm der Welt umgellt,
verstrickt ins große Vielgeschick, –
da kam beschwingt ein Augenblick
und trug mich fort – in meine Welt.

In mein und deine Welt, die still,
verklärt, abseits vom Wege liegt,
drin unser Glück die Zeit besiegt
und Schönheit nur und Güte will.

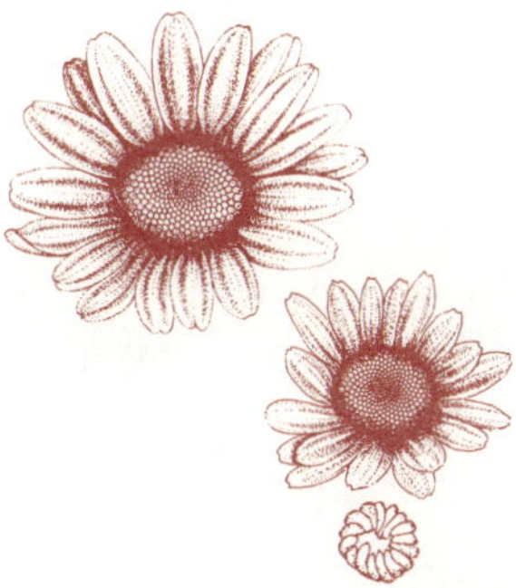

6. Juli

Du gabst mir, Schicksal, diese Freude.
Nun laß auch morgen sein wie heute
und lehr mich ihrer würdig sein.

7. Juli

Ich selber kann und mag nicht ruhn,
des großen Gottes großes Tun
erweckt mir alle Sinnen;
ich singe mit, wenn alles singt
und lasse, was dem Höchsten klingt,
aus meinem Herzen rinnen.

Mach in mir deinem Geiste Raum,
daß ich dir werd ein guter Baum,
und laß mich Wurzel treiben.
Verleihe, daß zu deinem Ruhm
ich deines Gartens schöne Blum
und Pflanze möge bleiben.

Unsterblich duften die Linden –
Was bangst du nur?
Du wirst vergehn und deiner Füße Spur
wird bald kein Auge mehr im Staube finden.
Doch blau und leuchtend wird der Sommer stehn
und wird mit seinem süßen Atemwehn
gelind die arme Menschenbrust entbinden.
Wo kommst du her? Wie lang bist du noch hier?
Was liegt an dir?
Unsterblich duften die Linden –

9. Juli

Der Mensch lebt und bestehet
nur eine kleine Zeit;
und alle Welt vergehet
mit ihrer Herrlichkeit.
Es ist nur einer ewig und an allen Enden,
und wir in seinen Händen.

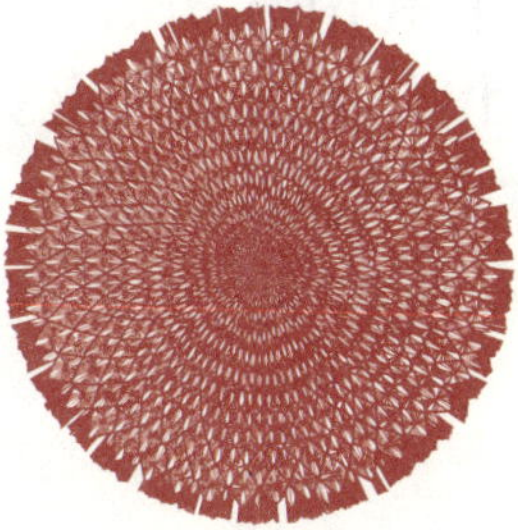

Ein Traum, ein Traum ist unser Leben
auf Erden hier.
Wie Schatten auf den Wogen schweben
und schwinden wir.
Und messen unsre trägen Tritte
nach Raum und Zeit;
und sind (und wissen's nicht) in Mitte
der Ewigkeit.

11. Juli

Rosen pflücke, Rosen blühn,
morgen ist nicht heut!
Keine Stunde laß entfliehn –
flüchtig ist die Zeit!

Aufschub einer guten Tat
hat schon oft gereut!
Hurtig leben ist mein Rat –
flüchtig ist die Zeit!

Ein Mensch spricht mit dem Freunde fern:
Sie sähn sich – endlich! – wieder gern!
Doch eh sie ganz die Glut entfachen,
um gleich ein Treffen auszumachen,
verlöschen eilig sie die Flammen:
»Wir rufen demnächst uns zusammen!«
Sie haben auch, nach drei, vier Wochen,
am Telefon sich neu besprochen;
und sie vereinen die Entschlüsse,
daß man sich demnächst sehen müsse.
So trieben sies noch manches Jahr –
bis einer – ohne Anschluß war.

13. Juli

Nichts taugt Ungeduld,
noch weniger Reue;
jene vermehrt die Schuld,
diese schafft neue.

14. Juli

Wie süß ist alles erstes Kennenlernen!
Du lebst so lange nur, als du entdeckst.
Doch sei getrost: unendlich ist der Text,
und seine Melodie gesetzt aus – Sternen.

15. Juli

Die hohen Himbeerwände
trennten dich und mich,
doch im Laubwerk unsre Hände
fanden von selber sich.

Die Hecke konnt' es nicht wehren,
wie hoch sie immer stund:
Ich reichte dir die Beeren,
und du reichtest mir deinen Mund.

Ach, schrittest du durch den Garten
noch einmal im raschen Gang,
wie gerne wollt ich warten,
warten stundenlang.

Besser zu tauschen
Ruhe mit Schmerz,
als in sich zu tragen
lieblos das Herz.

17. Juli

Jetzt bist du da, dann bist du dort.
Jetzt bist du nah, dann bist du fort.
Kannst du's fassen? Und über eine Zeit
gehen wir beide in die Ewigkeit
dahin – dorthin. Und was blieb? ...
Komm, schließ die Augen und hab mich lieb.

Die Liebe hemmet nichts;
sie kennt nicht Tür noch Riegel,
und dringt durch alles sich.
Sie ist ohn Anbeginn,
schlug ewig ihre Flügel,
und schlägt sie ewiglich.

19. Juli

Es ist, was es ist

Es ist Unsinn
sagt die Vernunft
Es ist, was es ist
sagt die Liebe

Es ist Unglück
sagt die Berechnung
Es ist nichts als Schmerz
sagt die Angst
Es ist aussichtslos
sagt die Einsicht
Es ist, was es ist
sagt die Liebe

Es ist lächerlich
sagt der Stolz
Es ist leichtsinnig
sagt die Vorsicht
Es ist unmöglich
sagt die Erfahrung
Es ist, was es ist
sagt die Liebe.

20. Juli

Du bist mein, ich bin dein:
dess' sollst du gewiß sein.
Du bist verschlossen
in meinem Herzen:
verloren ist das Schlüsselein;
du mußt für immer drinnen sein.

21. Juli

Anke von Tharau ist's, die mir gefällt,
sie ist mein Leben, mein Gut und mein Geld.
Anke von Tharau hat wieder ihr Herz
auf mich gerichtet in Freude und Schmerz.
Anke von Tharau, mein Reichtum, mein Gut,
du meine Seele, mein Fleisch und mein Blut.

Würdest du gleich einmal von mir getrennt,
lebtest da, wo man die Sonne kaum kennt:
Ich will dir folgen durch Wälder durch Meer,
durch Eis, durch Eisen, durch feindliches Heer.
Anke von Tharau, mein Sonne, mein Schein,
mein Leben schließ ich in deines hinein.

22. Juli

Der leuchtende Himmel, die goldenen Sterne,
die Berge, das Meer und die schimmernde Ferne,
die Wiesen voll Blumen, die Bäume in Blüte –
sie alle sind Spiegel der göttlichen Güte!

23. Juli

Diese Rose pflück ich hier,
in der fremden Ferne.
Liebes Mädchen, dir, ach dir
brächt ich sie so gerne!

Doch bis ich zu dir mag ziehn
viele weite Meilen,
ist die Rose längst dahin,
denn die Rosen eilen.

Nie soll weiter sich ins Land
Lieb von Liebe wagen,
als sich blühend in der Hand
läßt die Rose tragen.

Ein Mensch bemerkt mit bitterm Zorn,
daß keine Rose ohne Dorn.
Doch muß ihn noch viel mehr erbosen,
daß sehr viel Dornen ohne Rosen.

25. Juli

Ihr grünen Blätter in den Wäldern,
bewegt und regt euch doch mit mir;
Ihr schwanken Gräslein in den Feldern,
ihr Blumen, laßt doch eure Zier
zu Gottes Ruhm belebet sein
und stimmet lieblich mit mir ein.

26. Juli

Ich war am Morgen
so frohen Mutes,
als müßt begegnen
mir etwas Gutes.
Wohlan, es komme
das Glück gegangen!
Bereit hier sitz ich,
es zu empfangen.

27. Juli

Flügelt ein kleiner blauer
Falter vom Wind geweht,
ein perlmutterner Schauer,
glitzert, flimmert, vergeht.
So mit Augenblicksblinken,
so im Vorüberwehn
sah ich das Glück mir winken,
glitzern, flimmern, vergehn.

28. Juli

Freu dich in jeder Nacht,
daß Sterne niederglänzen,
mit höh'rer Hoffnung Strahl
dein Dasein zu ergänzen.

29. Juli

Über Sternenpracht und Flimmer
siegreich strahlt des Mondes Schimmer
an dem nächtgen Himmelszelt;
und ein Meer von Glanz und Helle
flutet seines Lichtes Welle
silbern über weite Welt.

30. Juli

Sonnenblume

Wenn man die Zeit bedenkt,
in welcher sie erscheint; so ist es eben die,
da sich die Sonn, ihr Urbild, von uns lenket.
Es scheint daher, als wenn die Sonne selbst durch sie
sich ein Gedächtnis stiften wolle,
damit man, was ihr Wunderlicht
zur Sommerzeit bei uns verricht,
so schleunig nicht vergessen solle.

31. Juli

August

Der römische Brunnen

Aufsteigt der Strahl und fallend gießt
er voll der Marmorschale Rund,
die, sich verschleiernd überfließt
in einer zweiten Schale Grund;
die zweite gibt, sie wird zu reich,
der dritten wallend ihre Flut,
und jede nimmt und gibt zugleich
und strömt und ruht.

1. August

Das Feld ist weiß. Vor ihrem Schöpfer neigen
die Ähren sich, ihm Ehre zu bezeigen.
Sie rufen: »Kommet, laßt die Sicheln klingen,
vergeßt auch nicht, das Lob des Herrn zu singen!«

Ein Jahr, Allgüt'ger, ließest du es währen,
bis uns gereift die Saat, die uns soll nähren.
Nun du sie gibest, sammeln wir die Gabe;
von deiner Huld kommt alle unsre Habe.

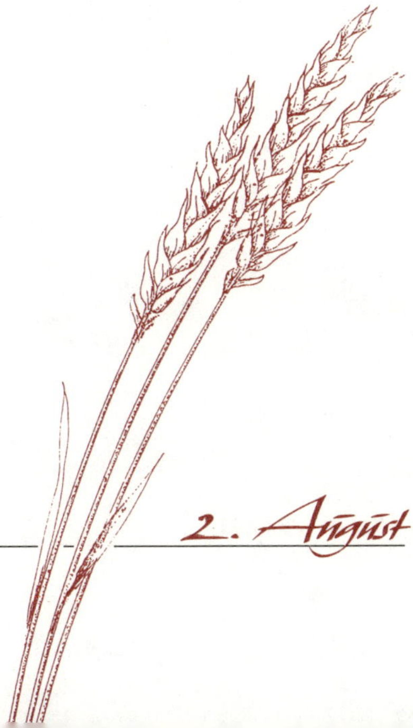

2. August

Wo jener Apfelbaum sich zärtlich niederhängt,
dort steht ihr schwesterlich und Haupt an Haupt gedrängt,
in euer Lächeln still und sommerlich vertieft,
Blumen des süßen Phlox, die ihr mein Herz anrieft.

August und blaue Luft, der Duft steigt wie Gesang,
noch klingt's von Weiß und Rot schwellend den Zaun entlang –
doch Georginen starr'n und Dahlien strahlen klar,
und Astern knospen schon. – Duftlos neigt sich das Jahr.

3. August

Eine Reise wünsch ich dir
in die große, weite Welt,
wo die Erde dir wie mir
alle Hände offenhält;
daß du einmal alles ließest
was dich drängt und was dich drückt
und von Herzen nur genießest,
was so wundersam beglückt.

Eine Reise wünsch ich dir
bis ans Ende dieser Welt,
wo an einer lichten Tür
sich der Himmel offenhält.

Wer recht in Feuden wandern will,
der geh der Sonn entgegen;
da ist der Wald so kirchenstill,
kein Lüftchen mag sich regen.
Noch sind nicht die Lerchen wach,
nur im hohen Gras der Bach
singt leise den Morgensegen.

Die ganze Welt ist wie ein Buch,
darin uns aufgeschrieben
in bunten Zeilen manch ein Spruch,
wie Gott uns treu geblieben;
Wald und Blumen nah und fern
und der helle Morgenstern
sind Zeugen von seinem Lieben.

5. August

Wind, du mein Freund!
Lang hielten Berge mich
grämlich umzäunt.
Nun wieder grüß ich dich,
frei, dich, den Freien;
nun gib mir, Himmelssproß,
wieder die Weihen,
Wecker zu sein wie du
aller verschlafnen Ruh!
Wind, du mein Freund!
Du mein liebster Genoß!

6. August

Wem Gott will rechte Gunst erweisen,
den schickt er in die weite Welt,
dem will er seine Wunder weisen
in Berg und Tal und Strom und Feld.

Die Bächlein von den Bergen springen,
die Lerchen schwirren hoch vor Lust;
was sollt ich nicht mit ihnen singen
aus voller Kehl und frischer Brust?

Den lieben Gott nur laß ich walten,
der Bächlein, Lerchen, Wald und Feld
und Erd und Himmel will erhalten,
hat auch mein Sach aufs best bestellt.

7. August

Weit und schön ist die Welt,
doch, o wie dank ich dem Himmel,
daß ein Gärtchen, beschränkt,
zierlich mein eigen gehört.
Bringet mich wieder nach Hause!
Was hat ein Gärtner zu reisen?
Ehre bringt's ihm und Glück,
wenn er sein Gärtchen versorgt.

8. August

Die Schnecke, die mir den Salat beschlich
in Hungers Nöten,
sie hat das gleiche Lebensrecht wie ich.
... Darf ich sie töten?

Sie schätzt, wie ich, das junge, zarte Blatt.
Ist ihr Ergetzen
dem meinigen, nur weil es mein ist, glatt
hintanzusetzen?

Was ist denn ihr und was ist mein Bereich,
o Gott, hinieden?
Sind wir vor dir nicht alle, alle gleich,
ununterschieden?

Das grenzt ja schon an Metaphysik, traun,
mit uns zwei beiden ...
Drum werf ich sie dem Nachbarn übern Zaun.
Mag der entscheiden!

9. August

Das Läusekraut ist so verlaust,
daß nur ihm selbst nicht vor ihm graust.

Weil aber, was die Welt verdammt,
doch auch aus Gottes Händen stammt,

lebt es, von Mensch und Tier gemieden,
in Frieden.

10. August

Gebet

Du läßt durch schwerer Ähren Gold
die leichten Blumen leuchten,
läßt deinen Regen Frucht wie Spreu
erquicken und befeuchten.
Schenk du auch unsres Lebens Mühn
die Frucht und bunter Blumen Blühn.

11. August

Der große Sämann,
ungerufen,
blies er einen Atem von Blumensamen über mich hin
und streute eine Saat
von Kornblumen und rotem Mohn
in meine Weizenfelder.

Das leuchtende Unkraut,
mächtiger Sämann,
wie trenn ich es je
von den Ähren,
ohne die Felder
zu roden?

12. August

Weiße Wolken

O schau, sie schweben wieder
wie leise Melodien
vergessener schöner Lieder
am blauen Himmel hin!

Kein Herz kann sie verstehen,
dem nicht auf langer Fahrt
ein Wissen von allen Wehen
und Freuden des Wanderns ward.

Ich liebe die Weißen, Losen
wie Sonne, Meer und Wind,
weil sie der Heimatlosen
Schwestern und Engel sind.

13. August

Es war nur ein sonniges Lächeln,
es war nur ein freundliches Wort,
doch scheuchte es lastende Sorgen
und schwere Gedanken fort.

Es war nur ein warmes Grüßen,
der tröstende Druck einer Hand,
dort schien's wie die leuchtende Brücke,
die Himmel und Erde verband.

Ein Lächeln kann Schmerzen lindern,
ein Wort kann von Sorgen befrein,
ein Händedruck Sünde verhindern,
und Liebe und Hoffnung neu'n.

Es kostet dich wenig, zu geben
Blick, Lächeln und helfende Hand,
doch arm und kalt ist dein Leben,
wenn keiner dein Lieben empfand.

O Täler weit, o Höhen,
o schöner, grüner Wald,
du, meiner Lust und Wehen
andächt'ger Aufenthalt!
Da draußen, stets betrogen,
saust die geschäft'ge Welt,
schlag noch einmal den Bogen
um mich, du grünes Zelt!

Bald werd ich dich verlassen,
fremd in die Fremde gehn;
auf buntbewegten Gassen
des Lebens Schauspiel sehn;
und mitten in dem Leben
wird deines Ernsts Gewalt
mich Einsamen erheben,
so wird mein Herz nicht alt.

15. August

Ein Blatt aus sommerlichen Tagen,
ich nahm es so im Wandern mit,
auf daß es einst mir möge sagen,
wie laut die Nachtigall geschlagen,
wie grün der Wald, den ich durchschritt.

16. August

Die Erinn'rung ist eine mysteriöse
Macht und bildet die Menschen um.
Wer das, was schön war, vergißt, wird böse.
Wer das, was schlimm war, vergißt, wird dumm.

17. August

Heute fanden meine Schritte mein vergeßnes Jugendtal,
seine Sohle lag verödet, seine Berge standen kahl.
Meine Bäume, meine Träume, meine buchendunklen Höhn –
Ewig jung ist nur die Sonne, sie allein ist ewig schön.

Drüben dort in schilfgem Grunde, wo die müde Lache liegt,
hat zu meiner Jugendstunde sich lebendge Flut gewiegt,
durch die Heiden, durch die Weiden ging ein wandernd Herdgetön –
Ewig jung ist nur die Sonne, sie allein ist ewig schön.

18. August

Soll das kurze Menschenleben
immer reife Frucht dir geben,
mußt du jung dich zu den Alten,
alternd dich zur Jugend halten.

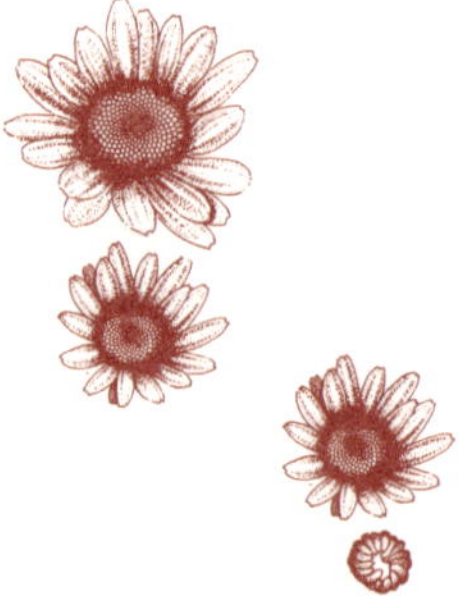

19. August

O glaub, so oft ich erkrankt,
so oft bin ich wieder genesen,
o glaub, so viel ich geschwankt,
so fest bin ich immer gewesen,
o glaub, ein ewig Geschenk,
aus ewiger Fülle gegeben,
o glaub und bleib es gedenk:
Ein ewig Geschenk ist das Leben.

Rast!
Gast sein einmal.
Nicht immer selbst seine Wünsche bewirten
mit kärglicher Kost.
Nicht immer feindlich nach allem fassen;
einmal sich alles geschehen lassen
und wissen:
Was geschieht, ist gut.

21. August

Phlox – du Verschwender aller süßen Süße!
Wo andere vorsichtig rechnend sparen,
wirfst du mir Farben, deine wunderbaren,
mit vollen Händen lässig vor die Füße.

Du blühst – wozu? Nur daß empfangen werde,
verströmst du lächelnd deine Überfülle
und füllst mir meiner Seele leere Hülle
mit diesem Duft aus sommerlicher Erde.

Verschwender, – Phlox – du linderst alles Trauern
und weckst es doch, das unbestimmte Sehnen,
wenn unsichtbare Flügel nachts sich dehnen.
Dein duftendes Vergehn läßt mich erschauern.

22. August

Ginkgo biloba

Dieses Baumes Blatt, der von Osten
meinem Garten anvertraut,
gibt geheimen Sinn zu kosten
wie's den Wissenden erbaut.
Ist es ein lebendig Wesen,
das sich in sich selbst getrennt?
Sind es zwei, die sich erlesen,
daß man sie als eines kennt?
Solche Frage zu erwidern,
fand ich wohl den rechten Sinn:
Fühlst du nicht an meinen Liedern,
daß ich eins und doppelt bin?

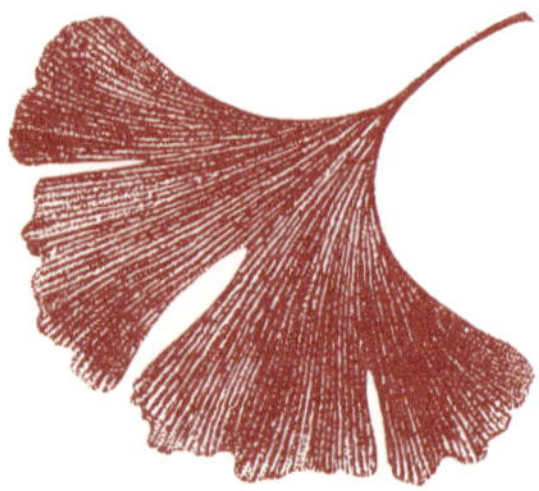

23. August

An die Zitterpappel

Gut, daß du da bist.

Dein Grün zittert
mittags im Licht.
Zittert nachts
ohne Mond, ohne Wind.

Du birgst das Nest der Krähe,
des Kummervogels.
Du hütest das Wasser, das
rasch davonfließt.

Immer höher wächst du,
immer vollere Krone.

Wächst über das Dach des Vaters,
der lange tot ist,

der sagte, sooft ihm bang war:
»Gut, daß du da bist, Baum. Du

zitterst und wächst,
zitterst und wächst zugleich.«

Die Rose blüht, Gott, laß den Schein verziehen,
damit die Zeit des Sommers langsam geht,
und weder Frost noch andre Not entsteht,
so wird mein Glück in dieser Rose blühen,
so klingt mein süßes Freudenlied:
Ach, meine Rose blüht.

25. August

So löst sich denn die Spannung schwer.
Erfüllt ist, was wir baten:
Vom Himmel rauscht ein breites Meer
auf durstig-dürre Saaten.
Und herrlich stürzt ein Donnerkeil
sein Siegel auf all den Segen.
O Frucht, nun reifst du wieder heil
dem hohen Herbst entgegen.

Und die Sonne machte den weiten Ritt
um die Welt,
und die Sternlein sprachen: »Wir reisen mit
um die Welt!«
Und die Sonne, sie schalt sie: »Ihr bleibt zu Haus!
Denn ich brenn euch die goldnen Äuglein aus
bei dem feurigen Ritt um die Welt.«

Und die Sternlein, sie gingen zum lieben Mond
in der Nacht
und sie sprachen: »Du, der auf Wolken thront
in der Nacht,
laß uns wandeln mit dir, denn dein milder Schein,
er verbrennet uns nimmer die Äugelein.«
Und er nahm sie, Gesellen der Nacht.

Nun willkommen, Sternlein und lieber Mond
in der Nacht!
Ihr verstehet, was still in den Herzen wohnt
in der Nacht.
Kommt und zündet die himmlischen Lichter an,
daß ich lustig mitschwärmen und spielen kann
in den freundlichen Spielen der Nacht.

27. August

Morgenlied eines Bauersmanns

Da kommt die liebe Sonne wieder,
da kömmt sie wieder her!
Sie schlummert nicht und wird nicht müder,
und läuft doch immer sehr.

Von ihr kommt Segen und Gedeihen,
sie macht die Saat so grün,
sie macht das weite Feld sich neuen,
und meine Bäume blühn.

Und meine Kinder spielen drunter
und tanzen ihren Reihn,
sind frisch und rund und rot und munter,
und das macht all ihr Schein.

28. August

Die güldne Sonne voll Freud und Wonne
bringt unsern Grenzen mit ihrem Glänzen
ein herzerquickendes, liebliches Licht.
Mein Haupt und Glieder, die lagen darnieder,
aber nun steh ich, bin munter und fröhlich,
schaue den Himmel mit meinem Gesicht.

29. August

Auf, auf! mein Herz, auf, auf!
Betrachte, Gott zum Ruhme,
das majestätische Gewächs, die Sonnenblume,
die, wenn man sie mit ernstem Blick besieht,
in solcher Pracht, in solchem Schimmer blüht,
daß, wenn man sie nach Würden ehren wollte,
man sie die Kaiserin der Blumen heißen sollte.

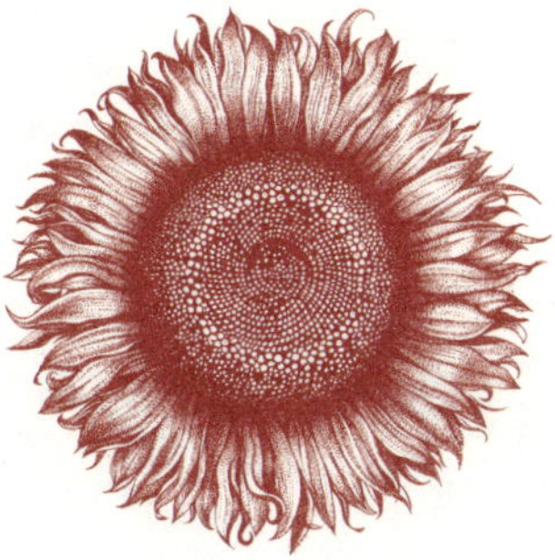

Lächelnd, verhüllt in Herrlichkeit
steht der Herbst im Garten:
O Balsaminen,
Sonnenblumen und Georginen!
Er will noch warten,
er hat noch Zeit. –

31. August

September

Septembermorgen

Im Nebel ruhet noch die Welt,
noch träumen Wald und Wiesen:
Bald siehst du, wenn der Schleier fällt,
den blauen Himmel unverstellt,
herbstkräftig die gedämpfte Welt
in warmem Golde fließen.

1. September

Es hält der blaue Tag
für eine Stunde auf der Höhe Rast.
Sein Licht hält jedes Ding umfaßt,
wie mans in Träumen sehen mag:
Daß schattenlos die Welt,
in Blau und Gold gewiegt,
in lauter Duft und reifem Frieden liegt.

– Wenn auf dies Bild ein Schatten fällt! –

Kaum hast du es gedacht,
so ist die goldene Stunde
aus ihrem leichten Traum erwacht,
und bleicher wird, indes sie stiller lacht,
und kühler wird die Sonne in der Runde.

Dies ist ein Herbsttag, wie ich keinen sah!
Die Luft ist still, als atmete man kaum,
und dennoch fallen raschelnd, fern und nah,
die schönsten Früchte ab von jedem Baum.

O stört sie nicht, die Feier der Natur!
Dies ist die Lese, die sie selber hält,
denn heute löst sich von den Zweigen nur,
was vor dem milden Strahl der Sonne fällt.

3. September

Bei einem Wirte wundermild,
da war ich jüngst zu Gaste;
ein goldner Apfel war sein Schild
an einem langen Aste.

Es war der gute Apfelbaum,
bei dem ich eingekehret;
mit süßer Kost und frischem Schaum
hat er mich wohl genähret.

Es kamen in sein grünes Haus
viel leichtbeschwingte Gäste;
sie sprangen frei und hielten Schmaus
und sangen auf das beste.

Ich fand ein Bett zu süßer Ruhe
auf weichen grünen Matten;
der Wirt, er deckte selbst mich zu
mit seinem kühlen Schatten.

Nun fragt' ich nach der Schuldigkeit,
da schüttelt' er den Wipfel.
Gesegnet sei er allezeit
von der Wurzel bis zum Gipfel!

Gott gab uns Atem, damit wir leben,
er gab uns Augen, damit wir uns sehn,
Gott hat uns diese Erde gegeben,
daß wir auf ihr die Zeit bestehn.

Gott gab uns Ohren, damit wir hören.
Er gab uns Worte, damit wir verstehn.
Gott will nicht diese Erde zerstören.
Er schuf sie gut, er schuf sie schön.

Gott gab uns Hände, damit wir handeln.
Er gab uns Füße, daß wir fest stehn.
Gott will mit uns die Erde verwandeln.
Wir können neu ins Leben gehn.

Sonnenblume

Entflammte Sonnenblumenscheibe,
die du, ans Himmelsdach entrückt,
hoch über meinem Scheitel stehst,

Gestirn des späten Jahres, bleibe!
Die Nacht, schon nah herangerückt,
wird lang sein, wenn du untergehst...

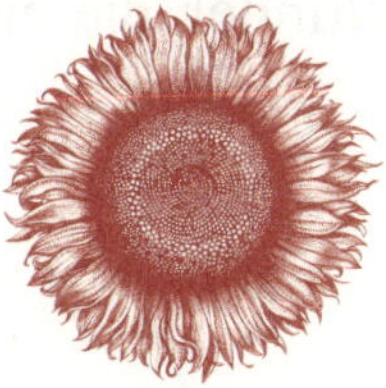

6. September

Viel zu wenig kenne ich die Bäume,
die vor meinem Fenster stehn und rauschen,
viel zu selten baun sich meine Träume
Nester – um die Winde zu belauschen,
und des Himmels Silberwolkenspiele
gehn vorüber, ohne mich zu trösten. –
Ganz vergessen habe ich so viele
Wunder, die mir einst das Herz erlösten.

7. September

Ziehende Landschaft

Man muß weggehen können
und doch sein wie ein Baum:
als bliebe die Wurzel im Boden,
als zöge die Landschaft und wir ständen fest.
Man muß den Atem anhalten,
bis der Wind nachläßt
und die fremde Luft um uns zu kreisen beginnt,
bis das Spiel von Licht und Schatten,
von Grün und Blau,
die alten Muster zeigt
und wir zu Hause sind,
wo es auch sei,
und niedersitzen können und uns anlehnen,
als sei es an das Grab
unserer Mutter.

Der Abendhimmel leuchtet wie ein Blumenstrauß,
wie rosige Wicken und rosa Klee sehen die Wolken aus.
Den Strauß umschließen
die grünen Bäume und Wiesen,
und leicht schwebt über der goldenen Helle
des Mondes Sichel wie eine silberne Libelle.
Die Menschen aber gehen versunken
tief drinnen im Strauß,
wie die Käfer trunken
und finden nicht mehr heraus.

9. September

Abend atmete aus Blumenblüten,
als im fernen Winde wer die Flöte blies.
Laßt mich eine Gerte von den Zweigen brechen,
Flöte schnitzen und wie jene Flöte tun.

Wenn die Nächte nun
ihren Schlaf behüten,
hören Vögel, wie zwei Flöten süß
ihre Sprache sprechen.

10. September

Nun ruhen alle Wälder,
Vieh, Menschen, Städt und Felder,
es schläft die ganze Welt;
ihr aber, meine Sinnen,
auf, auf, ihr sollt beginnen,
was eurem Schöpfer wohlgefällt.

11. September

Hör, es klagt die Flöte wieder
und die kühlen Brunnen rauschen.
Golden wehn die Töne nieder,
stille, stille, laß uns lauschen.

12. September

O, wer um alle Rosen wüßte,
die rings in stillen Gärten stehn –
o, wer um alle wüßte, müßte
wie im Rausch durchs Leben gehn.

13. September

Augen, meine lieben Fensterlein,
gebt mir schon so lange holden Schein,
lasset freundlich Bild um Bild herein:
einmal werdet ihr verdunkelt sein!

Doch noch wandl ich auf dem Abendfeld,
nur dem sinkenden Gestirn gesellt;
trinkt, o Augen, was die Wimper hält,
von dem goldnen Überfluß der Welt!

Es gibt noch Wunder, liebes Herz,
getröste dich!
Erlöste dich
noch nie ein Stern aus deinem Schmerz,
des Strahlenspiel
vom hohen Zelt
in deiner Qualen
Tiefe fiel
und sprach: »Sieh, wie ich zu dir kam
vor allen andern ganz allein!
Du, liebes Herz, wirf ab den Gram!
Bin ich nicht dein?
Getröste dich!«

Erlöste dich
noch nie ein Stern …

Am Waldessaume träumt die Föhre,
am Himmel weiße Wölkchen nur;
es ist so still, daß ich sie höre,
die tiefe Stille der Natur.

Rings Sonnenschein auf Wies und Wegen,
die Wipfel stumm, kein Lüftchen wach,
und doch, es klingt, als ström ein Regen
leis tönend auf das Blätterdach.

16. September

Nicht müde werden
sondern dem Wunder
leise
wie einem Vogel
die Hand hinhalten.

17. September

Astern und Georginen blühn,
der Himmel strahlt olivengrün
und gelb und rot im Abendschein.
Die Wälder flammen golden drein.
Die Sonne sinkt in Purpur sacht.
Ihr Augen trinkt, es kommt die Nacht.

18. September

Schon riecht es scharf nach angewelkten Blättern,
Kornfelder stehen leer und ohne Blick.
Wir wissen: eines von den nächsten Wettern
bricht unserm müden Sommer das Genick.

Die Ginsterschoten knistern. Plötzlich wird
uns all das fern und sagenhaft erscheinen,
was heut wir in der Hand zu halten meinen,
und jede Blume wunderbar verirrt.

Bang wächst ein Wunsch in der erschreckten Seele,
daß sie nicht allzusehr am Dasein klebe,
daß sie das Welken wie ein Blatt erlebe,
daß Fest und Farbe ihrem Herbst nicht fehle.

19. September

Die langen sanften Gedanken des Frühlings
werden nicht verwehn,
auch wenn der Herbst das Herz vergilbt.

20. September

O Trost der Welt,
du stille Nacht!
Der Tag hat mich so müd gemacht,
das weite Meer schon dunkelt.
Laß ausruhn mich
von Lust und Not
bis daß das ew'ge Morgenrot
den stillen Wald
durchfunkelt.

21. September

Im Atemholen sind zweierlei Gnaden:
die Luft einziehn, sich ihrer entladen;
jenes bedrängt, dieses erfrischt;
so wunderbar ist das Leben gemischt.
Du danke Gott, wenn er dich preßt,
und dank ihm, wenn er dich wieder entläßt.

Täglich zu singen

Ich danke Gott und freue mich
wie's Kind zur Weihnachtsgabe,
daß ich bin, bin! Und daß ich dich,
schön menschlich Antlitz habe.

23. September

Was macht, daß ich so fröhlich bin
in meinem kleinen Reich
Ich sing und tanze her und hin,
vom Kindbett bis zur Leich

Was macht, daß ich so furchtlos bin
an vielen dunklen Tagen
Es kommt ein Geist in meinen Sinn
will mich durchs Leben tragen

Was macht, daß ich so unbeschwert
und mich kein Trübsinn hält
Weil mich mein Gott das Lachen lehrt
wohl über alle Welt.

Ich mach ein Lied aus Stille
und aus Septemberlicht.
Das Schweigen einer Grille
geht ein in mein Gedicht.

Der See und die Libelle.
Das Vogelbeerenrot.
Die Arbeit einer Quelle.
Der Herbstgeruch von Brot.

Der Bäume Tod und Träne.
Der schwarze Rabenschrei.
Der Orgelflug der Schwäne.
Was es auch immer sei,

das über uns die Räume
aufreißt und riesig macht
und fällt in unsre Träume
in einer finstren Nacht.

Ich mach ein Lied aus Stille.
Ich mach ein Lied aus Licht.
So geh ich in den Winter
und so vergeh ich nicht.

Immer hin und wieder
strebt der Blütenzweig im Winde,
immer auf und nieder
strebt mein Herz gleich einem Kinde
zwischen hellen, dunklen Tagen,
zwischen Wollen und Entsagen.

Bis die Blüten sind verweht
und der Zweig in Früchten steht,
bis das Herz, der Kindheit satt,
seine Ruhe hat
und bekennt: voll Lust und nicht vergebens
war das unruhvolle Spiel des Lebens.

Es kommt noch vor, daß Gott uns seinen Engel sendet.
Verborgen bleibt im Dunkel sein Gesicht.
Sein Bild, ein Traum, den Gott an uns verschwendet,
verblaßt sofort im grellen Tageslicht.

Zurück bleibt schwerer Flügel leises Rauschen,
unsichtbar, nur zu fühlen zart und sacht,
das Tönen einer Stimme, der zu lauschen
uns in des Alltags Lärmen Mühe macht.

Wenn unser Dasein – fahl geworden, ohne Leben,
in lichten Farben neu zu träumen wagt,
wenn Hoffnungsschimmer uns den Glauben wiedergeben,
dann hat sich Gottes Engel angesagt.

Die Sonn hat sich mit ihrem Glanz gewendet
und, was sie soll, auf diesem Tag vollendet;
die dunkle Nacht dringt allenthalben zu,
bringt Menschen, Vieh und alle Welt zur Ruh.

Vergönne, daß der lieben Engel Scharen
mich vor der Macht der Finsternis bewahren,
auf daß ich vor der List und Tyrannei
der argen Welt im Schlafen sicher sei.

An meinen Schutzengel

Den Namen weiß ich nicht. Doch du bist einer
Der Engel aus dem himmlischen Quartett,
Das einstmals, als ich kleiner war und reiner,
Allnächtlich Wache hielt an meinem Bett.

Wie du auch heißt – seit vielen Jahren schon
Hältst du die Schwingen über mich gebreitet
Und hast, der Toren guter Schutzpatron,
Durch Wasser und durch Feuer mich geleitet.

Du halfst dem Taugenichts, als er zu spät
Das Einmaleins der Lebensschule lernte.
Und meine Saat, mit Bangen ausgesät,
Ging auf und wurde unverhofft zur Ernte.

29. September

Seit langem bin ich tief in deiner Schuld.
Verzeih mir noch die eine – letzte – Bitte:
Erstrecke deine himmlische Geduld
Auch auf mein Kind und lenke seine Schritte.

Er ist mein Sohn. Das heißt: er ist gefährdet.
Sei um ihn tags, behüte seinen Schlaf.
Und füg es, daß mein liebes schwarzes Schaf
Sich dann und wann ein wenig weiß gebärdet.

Gib du dem kleinen Träumer das Geleit.
Hilf ihm vor Gott und vor der Welt bestehn.
Und bleibt dir dann noch etwas freie Zeit,
Magst du bei mir auch nach dem Rechten sehn.

Roter Hibiskus

Purpurn glüht die Blüte
nur einen Tag,
nur eine Nacht
mit tiefer Glut und großer Macht
in überirdisch roter Pracht,
wie niemals sie ein Mensch erdacht. –
Und während sie ihr Werk vollbracht
ist schon die nächste aufgewacht:
für einen Tag,
für eine Nacht
glüht purpurn diese Blüte.

Oktober

Habt Vorrat ihr genug, ihr meine Augen,
für einen Winter, lang und weiß und grau?
Nehmt noch dies Asternrot, dies weiche Lila,
dies späte Gelb, dies herbstlich klare Blau,

und nehmt den Silberglanz der großen Flüge
des Habichts und des Eichelhähers wahr,
und auch den Birnbaum nehmt, ein goldnes Gleichnis
des Überschwangs vom segensreichen Jahr.

Und endlich nehmt das Lächeln und die reine
Strahlung des schönen Menschenangesichts,
und alle Nacht wird herrlich euch erhellt sein
vom farbigen Widerschein geliebten Lichts.

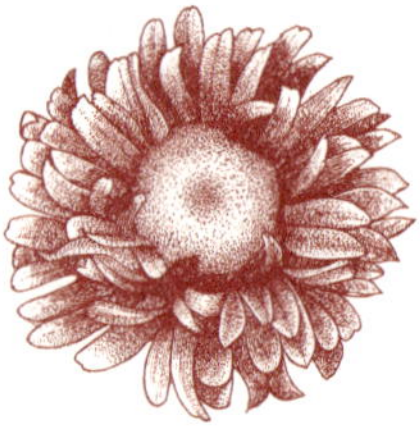

1. Oktober

Nun saget Dank und lobt den Herren,
denn groß ist seine Freundlichkeit,
und seine Gnad und Güte währen
von Ewigkeit zu Ewigkeit.

2. Oktober

Gott läßt die Sonn aufgehen,
er stellt des Mondes Lauf;
er läßt die Winde wehen
und tut den Himmel auf.
Er schenkt uns so viel Freude,
er macht uns frisch und rot;
er gibt den Kühen Weide
und unsern Kindern Brot.

Alle gute Gabe kommt her von Gott dem Herrn,
drum dankt ihm, dankt,
drum dankt ihm, dankt
und hofft auf ihn!

Wenn Gott sich zahlen ließe,
was er dir täglich gab?
Bedenk's mit Dank, genieße
und gib dem Bruder ab.

4. Oktober

Gewaltig endet so das Jahr
mit goldnem Wein und Frucht der Gärten.
Rund schweigen Wälder wunderbar
und sind des Einsamen Gefährten.

Da sagt der Landmann: Es ist gut.
Ihr Abendglocken lang und leise
gebt noch zum Ende frohen Mut.
Ein Vogelzug grüßt auf der Reise.

Es ist der Liebe milde Zeit.
Im Kahn den blauen Fluß hinunter –
wie schön sich Bild an Bildchen reiht –
das geht in Ruh und Schweigen unter.

5. Oktober

Erde, die uns dies gebracht,
Sonne, die es reif gemacht:
Liebe Sonne, liebe Erde,
euer nie vergessen werde!

6. Oktober

Man muß sein Brot mit gar nichts essen.
Mit nichts als Licht und Luft bestreut.
Gefühle, die man ganz vergessen,
Geschmack und Duft der Kinderzeit,
sie sind im trocknen Brot beschlossen,
wenn man es unterm Himmel ißt.
Doch wird die Weisheit nur genossen,
wenn man den Hunger nicht vergißt.

7. Oktober

Das Brot ernährt dich nicht,
was dich im Brote speist,
ist Gottes ewigs Licht,
ist Leben und ist Geist.

8. Oktober

Blumen sehet ruhig sprießen,
reizend euer Haupt umzieren;
Früchte wollen nicht verführen,
kostend mag man sie genießen.

Bieten bräunliche Gesichter
Kirschen, Pfirschen, Königspflaumen;
kauft! Denn gegen Zung und Gaumen
hält sich Auge schlecht als Richter.

Kommt, von allerreifsten Früchten
mit Geschmack und Lust zu speisen!
Über Rosen läßt sich dichten,
in die Äpfel muß man beißen.

9. Oktober

Der Apfel ist nicht gleich am Baum,
da war erst lauter Blüte.
Da war erst lauter Blütenschaum.
Da war erst lauter Frühlingstraum
und lauter Lieb und Güte.

Dann waren Blätter, grün an grün,
und grün an grün nur Blätter.
Die Amsel, nach des Tages Mühn,
sie sang ihr Abendlied gar kühn
und auch bei Regenwetter.

Der Herbst, der macht die Blätter steif,
der Sommer muß sich packen.
Hei, daß ich auf dem Finger pfeif:
da sind die ersten Äpfel reif
und haben rote Backen.

Und haben Backen, gelb und rot,
und hängen da und nicken
und sind des lichten Himmels Brot.
Wir haben unsre liebe Not,
daß wir sie alle pflücken.

10. Oktober

Die verehrlichen Jungen, welche heuer
meine Äpfel und Birnen zu stehlen gedenken,
ersuche ich höflichst, bei diesem Vergnügen
womöglich insoweit sich zu beschränken,
daß sie daneben auf den Beeten
mir die Wurzeln und Erbsen nicht zertreten.

11. Oktober

Es mangelt nie Gelegenheit,
was Gutes zu verrichten.
Es mangelt nie Gelegenheit,
was Gutes zu vernichten.

12. Oktober

Alles fügt sich und erfüllt sich,
mußt es nur erwarten können
und dem Werden deines Glückes
Jahr und Felder reichlich gönnen.

Bis du eines Tagen jenen
reifen Duft der Körner spürest
und dich aufmachst und die Ernte
in die tiefen Speicher führest.

13. Oktober

Der du die Wälder färbst,
sonniger, milder Herbst,
schöner als Rosenblühn
dünkt mir dein sanftes Glühn.
Nimmermehr Sturm und Drang.
Nimmermehr Sehnsuchtsklang.
Leise nur atmest du
tiefer Erfüllung Ruh. . . .

14. Oktober

Wir bitten Gott um seinen Segen,
daß wir wie schöne Bäume stehn
in seiner Sonne, seinem Regen,
wie einst im Paradies geschehn.

Der Schöpfer aller Welt verleihe,
daß uns sein Schaffen ganz durchdringt,
daß gute Frucht an uns gedeihe
und unser Werk durch uns gelingt.

Mit seinem Quell mög er uns tränken,
aus dem sein Geist wie Wasser quillt,
uns mit der Liebe Kraft beschenken –
so sind wir wieder Gottes Bild.

15. Oktober

Ohne Gott bin ich ein Fisch am Strand,
ohne Gott ein Tropfen in der Glut,
ohne Gott bin ich ein Gras im Sand
und ein Vogel, dessen Schwinge ruht.
Wenn mich Gott bei meinem Namen ruft,
bin ich Wasser, Feuer, Erde, Luft.

16. Oktober

Mein Lebenslauf ist bald erzählt. –
In stiller Ewigkeit verloren
schlief ich, und nichts hat mir gefehlt,
bis daß ich sichtbar ward geboren.

Was aber nun? – Auf schwachen Krücken,
ein leichtes Bündel auf dem Rücken,
bin ich getrost dahingeholpert,
bin über manchen Stein gestolpert,

mitunter grad, mitunter krumm,
und schließlich mußt ich mich verschnaufen.
Bedenklich rieb ich meine Glatze
und sah mich in der Gegend um.

O weh! Ich war im Kreis gelaufen,
stand wiederum am alten Platze,
und vor mir dehnt sich lang und breit,
wie ehedem, die Ewigkeit.

17. Oktober

Am Abend wird man klug
für den vergangnen Tag,
doch niemals klug genug
für den, der kommen mag.

18. Oktober

Wir Alten sind die Milden und Gelinden,
weil wir im Abschiednehmen uns befinden;
wie könnten wir noch denen grollen,
die wir so bald verlassen sollen?

19. Oktober

Die großgewordnen Kinder lösen sich
so leicht von uns, wie an Oktobertagen
die Äpfel, ohne daß ein Windhauch strich,
vom Zweige auf den warmen Rasen schlagen.

Die liebe Blüte schützten wir so gern
und sahen selgen Blicks zur Frucht sie reifen.
Nun regt sich drinnen schon der braune Kern
und möchte unsre Sorge von sich streifen,

sehnt sich zur Erde, sehnt zur Sonne sich,
sehnt sich nach Untergang und Auferstehen,
und wir stehn einsam da, – und feierlich
hör'n wir den Herbstwind durch die Blätter gehen.

20. Oktober

Fröstelnd geht die Zeit spazieren.
Was vorüber schien, beginnt.
Chrysanthemen blühn und frieren.
Fröstelnd geht die Zeit spazieren.
Und du folgst ihr wie ein Kind.

Geh nur weiter. Bleib nicht stehen.
Kehr nicht um, als sei's zuviel.
Bis ans Ende mußt du gehen.
Hadre nicht mit den Alleen.
Ist der Weg denn schuld am Ziel?

Geh nicht wie mit fremden Füßen,
und als hätt'st du dich verirrt.
Willst du nicht die Rosen grüßen?
Laß den Herbst nicht dafür büßen,
daß es Winter werden wird.

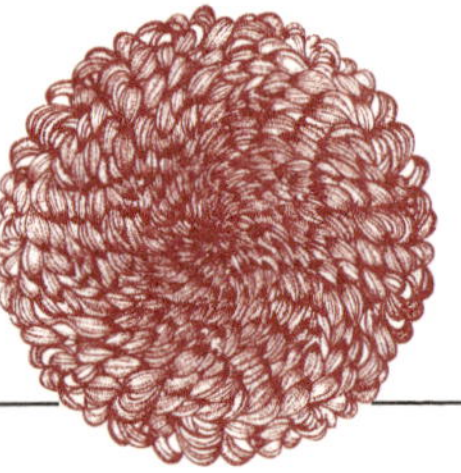

21. Oktober

Drinnen duften die Äpfel im Spind,
Prasselt der Kessel im Feuer.
Doch draußen pfeift Vagabundenwind
Und singt das Abenteuer!

Der Sehnsucht nach dem Anderswo
Kannst du wohl nie entrinnen:
Nach drinnen, wenn du draußen bist,
Nach draußen, bist du drinnen.

Noch ringt verzweifelt mit den kalten
Oktobernächten um sein grünes Kleid
mein Baum. Er liebt's, ihm ist es leid,
er trug es fröhliche Monde lang,
er möchte es gern behalten.

Und wieder eine Nacht, und wieder
ein rauher Tag. Der Baum wird matt
und kämpft nicht mehr und gibt die Glieder
gelöst dem fremden Willen hin,
bis der ihn ganz bezwungen hat.

Nun aber lacht er golden rot
und ruht im Blauen tief beglückt.
Da er sich müd dem Sterben bot,
hat ihn der Herbst, der milde Herbst
zu neuer Herrlichkeit geschmückt.

23. Oktober

Freund, so du etwas bist,
so bleib doch ja nicht stehn:
Man muß aus einem Licht
fort in das andre gehn.

24. Oktober

Zu Golde ward die Welt;
zu lange traf
der Sonne süßer Strahl
das Blatt, den Zweig.
Nun neig
dich, Welt, hinab
im Winterschlaf.

Bald sinkts von droben dir
in flockigen Geweben
verschleiernd zu –
und bringt dir Ruh,
o Welt,
o dir zu Gold geliebtes Leben,
Ruh.

25. Oktober

Nacht ist schon hereingesunken,
schließt sich heilig Stern an Stern,
große Lichter, kleine Funken
glitzern nah und glänzen fern.
Glitzern hier, im See sich spiegelnd,
glänzen droben klarer Nacht;
tiefsten Ruhens Glück besiegelnd
herrscht des Mondes volle Pracht.

Um Mitternacht

Gelassen stieg die Nacht ans Land,
lehnt träumend an der Berge Wand,
ihr Auge sieht die goldne Waage nun
der Zeit in gleichen Schalen stille ruhn;
und kecker rauschen die Quellen hervor,
sie singen der Mutter, der Nacht ins Ohr
vom Tage,
vom heute gewesenen Tage.

Das uralt alte Schlummerlied,
sie achtets nicht, sie ist es müd;
ihr klingt des Himmels Bläue süßer noch,
der flüchtgen Stunden gleichgeschwungnes Joch.
Doch immer behalten die Quellen das Wort,
es singen die Wasser im Schlafe noch fort
vom Tage,
vom heute gewesenen Tage.

27. Oktober

Wenn über stiller Heide
des Mondes Sichel schwebt,
mag lösen sich vom Leide
Herz, das im Leiden bebt.

Tritt vor aus deiner Kammer
und trage deinen Schmerz,
trage des Weltlaufs Jammer
der Ewigkeit ans Herz.

Das Ewige ist stille,
laut die Vergänglichkeit;
schweigend geht Gottes Wille
über den Erdenstreit.

28. Oktober

Hinunter ist der Sonne Schein,
die finstre Nacht bricht stark herein;
leucht uns, Herr Christ, du wahres Licht,
laß uns im Finstern tappen nicht.

Dein Engel uns zur Wach bestell,
daß uns der böse Feind nicht fäll.
Vor Schrecken, Angst und Feuersnot
behüte uns, o lieber Gott.

29. Oktober

Meinem Gott gehört die Welt,
meinem Gott das Himmelszelt,
ihm gehört der Raum, die Zeit,
sein ist auch die Ewigkeit.

Wald und Wiese, hingebreitet
wie ein Kleid aus Samt und Seide.
Dunkler Samt der Wald. Die Heide
fahles Grün; und drüber weitet
Nebel sich wie dünne Schleier,
schmucklos deckend Wald und Weiher.

Doch wo sich Seid' und Samt berühren
stehn – ein Sommerrest – noch Dolden:
brüchig, müd, vergilbt, fast golden
sind sie da, das Kleid zu zieren
wie mit alten Brüssler Spitzen,
die kostbar aus dem Grünen blitzen.

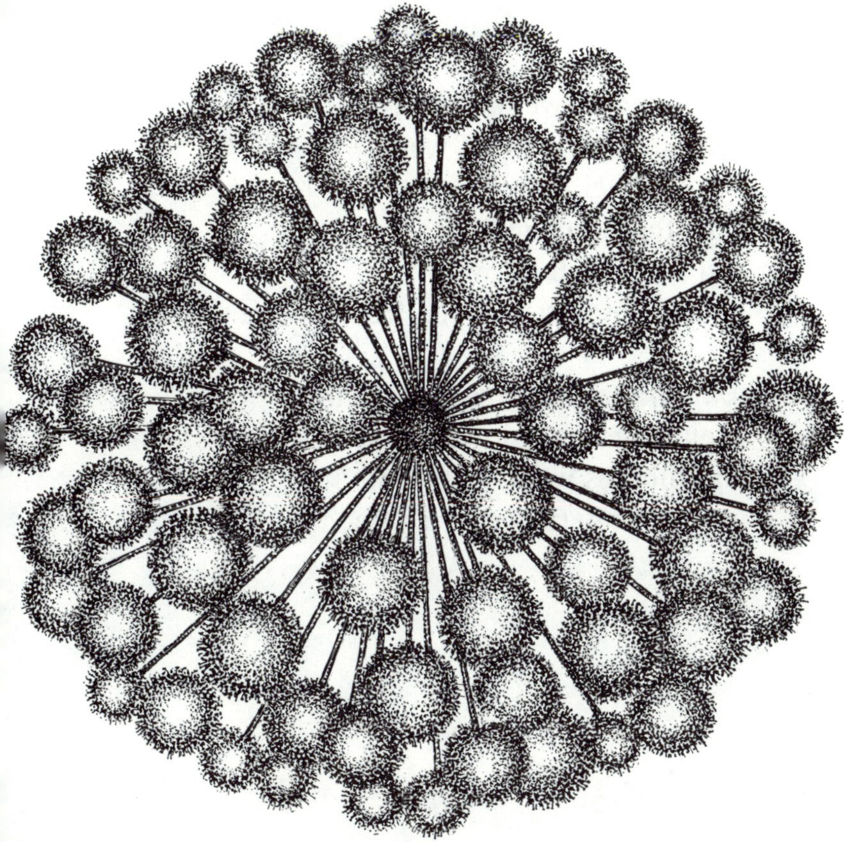

November

Ich komm, weiß nit woher,
ich bin und weiß nit wer,
ich leb, weiß nit wie lang,
ich sterb und weiß nit wann,
ich fahr, weiß nit wohin:
mich wunderts, daß ich fröhlich bin.

Da mir mein Sein so unbekannt,
stell ich es ganz in Gottes Hand;
die führ' es wohl, so hin wie her:
mich wundert', wenn ich noch traurig wär.

1. November

Gott du, deines Mantels Saum
möchten wir berühren.
Einen Hauch, ein Wehen kaum
gib uns zu verspüren.

Laß, du Dunkler, der so fern,
Licht ins Dunkel scheinen,
daß sich wie in einem Stern
Erd und Himmel einen.

Sprich, du Naher, unsrem Leid
nur ein Wort zu, leise,
heilend, das in Angst und Not
uns den Frieden weise.

Eins in dir sind Zeit und Raum,
eins sind Not und Fülle.
Gott, in deines Mantels Saum
unsre Armut hülle.

Wer das versteht: die Sonne zu genießen,
die in kurzer Fahrt den kühlen Himmel grüßt;
wer das versteht: mit Tagen hinzufließen,
indem er auch die trüberen genießt;
wer das versteht: sich allem aufzuschließen,
was sich auch immer scheu in ihm verschließt;
wer das versteht: mit Dingen, die ihn ließen,
zu sein, als hätt' er sie nicht eingebüßt;
wer das verstünd'! – Nun aber wendet sich
das Lied und sagt, bevor es schweigt,
mit Lächeln: Reichtum ist in jedem Ding.
Auch ein verdorrtes Blatt dünkt königlich,
wenn über ihm sich Liebe zeigt.
Nur ohne Liebe wär die Welt gering.

3. November

Es knospt
unter den Blättern
das nennen sie Herbst.

4. November

Nun weiß man erst, was Rosenknospe sei,
jetzt, da die Rosenzeit vorbei;
ein Spätling noch am Stocke glänzt
und ganz allein die Blumenwelt ergänzt.

5. November

In dunklen Zeiten, wenn wir nur noch fragen
und nur noch suchen nach dem Sinn, dem Ziel,
in Stunden voll von Angst und von Versagen,
sind es die kleinen Dinge, die uns tragen;
ein Schmetterling, ein zartes Farbenspiel. –

Wer staunen kann, hat wenig Zeit zum Klagen,
es blüht für ihn viel Glück am Wegesrand.
Die kleinen Freuden lindern das Verzagen,
sie helfen uns, das Große neu zu wagen
und geben Mut zum Weg ins Unbekannt.

6. November

Erst die Erinnerung muß uns offenbaren
den Segen, den uns das Geschick verlieh.
Wir wissen stets nur, daß wir glücklich waren;
doch daß wir glücklich sind, wir wissen's nie.

7. November

Allein auf Gott setz dein Vertraun,
auf Menschenhilf sollst du nicht baun,
Gott ist allein, der Glauben hält;
sonst ist kein Glaub mehr in der Welt.

8. November

Erlen sind schöne Bäume.
Sie stehen immer noch grün,
wenn die Birken vergehen
und wenn die Buchen verglühn.

Und sie sind zähe Bäume.
Wenn man sie dieses Jahr fällt,
sind sie im nächsten Sommer
schon wieder auf der Welt.

Und machen ein Gehäuse
flüstergrün und dicht.
Und in der Erlenreuse
fängt sich im Bach das Licht.

9. November

Tag und Nacht, jahraus, jahrein,
rinnst du, liebe Quelle,
läufst dahin, als müßt's so sein,
eilends, klar und helle.

Rauschst und rauschst bei Tag und Nacht
ohne Wahl und Weilen.
Wann ich immer lauschen mag,
hör ich dich enteilen.

Köstlich Wunder, keusch und zart,
ach, ich hätt' es gerne,
daß ich mich an deiner Art
still bescheiden lerne!

10. November

Tröste dich, die Stunden eilen,
und was all dich drücken mag,
auch das Schlimmste kann nicht weilen,
und es kommt ein andrer Tag.

Harre, hoffe. Nicht vergebens
zählest du der Stunden Schlag:
Wechsel ist das Los des Lebens,
und – es kommt ein andrer Tag.

Einer ist das, der mich denkt.
Der mich atmet. Der mich lenkt.
Der mich schafft und meine Welt.
Der mich trägt und der mich hält.
Wer ist dieser Irgendwer?
Ist Er ich? Und bin ich Er?

12. November

Abends, wenn ich schlafen geh,
vierzehn Engel bei mir stehn,
zwei zu meiner Rechten,
zwei zu meiner Linken,
zwei zu meinen Häupten,
zwei zu meinen Füßen,
zwei, die mich decken,
zwei, die mich wecken,
zwei, die mich weisen
ins himmlische Paradeis.

Der Mond ist aufgegangen,
die goldnen Sternlein prangen
am Himmel hell und klar;
der Wald steht schwarz und schweiget,
und aus den Wiesen steiget
der weiße Nebel wunderbar.

Wie ist die Welt so stille,
und in der Dämmrung Hülle
so traulich und so hold!
Als eine stille Kammer,
wo ihr des Tages Jammer
verschlafen und vergessen sollt.

14. November

Seht ihr den Mond dort stehen? –
Er ist nur halb zu sehen
und ist doch rund und schön!
So sind wohl manche Sachen,
die wir getrost belachen,
weil unsre Augen sie nicht sehn.

Wir stolzen Menschenkinder
sind eitel arme Sünder
und wissen gar nicht viel.
Wir spinnen Luftgespinste
und suchen viele Künste
und kommen weiter von dem Ziel.

Gott, laß dein Heil uns schauen,
auf nichts Vergänglichs trauen
nicht Eitelkeit uns freun;
laß uns einfältig werden
und vor dir hier auf Erden
wie Kinder fromm und fröhlich sein.

15. November

Nebel hat den Wald verschlungen,
der dein stillstes Glück gesehn,
ganz in Duft und Dämmerungen
will die schöne Welt vergehn.

Nur noch einmal bricht die Sonne
unaufhaltsam durch den Duft,
und ein Strahl der alten Wonne
rieselt über Tal und Kluft.

Und es leuchten Wald und Heide,
daß man sicher glauben mag:
Hinter allem Winterleide
liegt ein ferner Frühlingstag.

16. November

Chrysanthemen, allerletzte Pracht,
unsern Augen, die im Winter darben,
dargeboten in entrückten Farben!
Himmel, Licht und Nebel, Mond und Nacht,

alle Ströme ziehen durch uns hin
und wir stehn und können nicht begreifen.
Staunend sehen wir dies Blühen, Reifen.
Sind wir nur Gefäße ohne Sinn?

Fast unmerklich löst sich Blatt um Blatt.
Sind wir nur geboren, um zu fallen,
und den ewig gleichen Vers zu lallen,
den ein Gott uns aufgegeben hat?

Sind wir nur ein Anfang, nur ein Kaum?
Leichte Blätter, früchtelose Bäume?
Nur ein Flußbett, Spielfeld unsrer Träume,
oder selber Inhalt, Frucht und Baum?

17. November

Wie haben sie dich, Baum, verschnitten,
wie stehst du fremd und sonderbar!
Wie hast du hundertmal gelitten,
bis nichts in dir als Trotz und Wille war!
Ich bin wie du, mit dem verschnittnen,
gequälten Leben brach ich nicht
und tauche täglich aus durchlittnen
Roheiten neu die Stirn ins Licht.
Was in mir weich und zart gewesen,
hat mir die Welt zu Tod gehöhnt,
doch unzerstörbar ist mein Wesen,
ich bin zufrieden, bin versöhnt,
geduldig neue Blätter treib ich
aus Ästen, hundertmal zerspellt,
und allem Weh zum Trotze bleib ich
verliebt in die verrückte Welt.

Erscheint dir etwas unerhört,
bist du tiefsten Herzens empört,
bäume nicht auf, versuch's nicht mit Streit,
berühr es nicht, überlaß es der Zeit.
Am ersten Tage wirst du feige dich schelten,
am zweiten läßt du dein Schweigen schon gelten,
am dritten hast du's überwunden.
Alles ist wichtig nur auf Stunden.
Ärger ist Zehrer und Lebensvergifter,
Zeit ist Balsam und Friedensstifter.

19. November

Die Gedanken sind frei,
wer kann sie erraten?
Sie fliehen vorbei
wie nächtliche Schatten.
Kein Mensch kann sie wissen,
kein Kerker einschließen,
es bleibet dabei:
Die Gedanken sind frei!

Nun will ich auf immer
den Sorgen entsagen,
und will mich auch nimmer
mit Grillen mehr plagen.
Man kann ja im Herzen
stets lachen und scherzen
und denken dabei:
Die Gedanken sind frei!

20. November

Willst du das Leben recht verstehn,
mußt du's nicht nur von vorn besehn.
Von vorn betrachtet, sieht ein Haus
meist besser als von hinten aus.

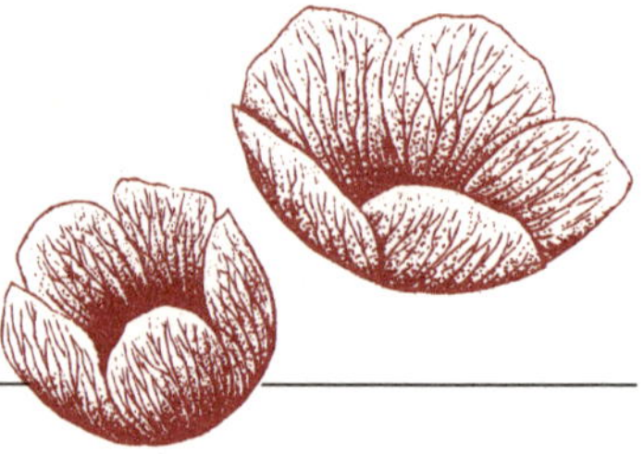

21. November

Alle Bücher dieser Welt
bringen dir kein Glück,
doch sie weisen dich geheim
in dich selbst zurück.

Dort ist alles, was du brauchst,
Sonne, Stern und Mond,
denn das Licht, danach du fragst,
in dir selber wohnt.

Weisheit, die du lang gesucht
in den Büchereien,
leuchtet jetzt aus jedem Blatt –
denn nun ist sie dein.

22. November

Beschneite Wiesen,
unter ihrer Decke
alles Wurzelnde
stumm behütend,
bereitend den Aufbruch
zum kommenden Frühlingstag.

23. November

O trübe diese Tage nicht,
sie sind der letzte Sonnenschein;
wie lange, und es lischt das Licht,
und unser Winter bricht herein.

Dies ist die Zeit, wo jeder Tag
viel Tage gilt in seinem Wert,
weil man's nicht mehr erhoffen mag,
daß so die Stunde wiederkehrt.

Die Flut des Lebens ist dahin,
es ebbt in seinem Stolz und Reiz,
und sieh, es schleicht in unsern Sinn
ein banger, nie gekannter Geiz;

ein süßer Geiz, der Stunden zählt
und jede prüft auf ihren Glanz –
o sorge, daß uns keine fehlt,
und gönn uns jede Stunde ganz.

24. November

Der Himmel seufzt, die Erde atmet schwer,
und Tränen hängen an den Fensterscheiben.
Bunt war die Welt, doch das ist lange her, –
der Sommer wollte nicht mehr bei uns bleiben.

So geht auch unsers Lebens Sommer fort
mit all dem bunten Glück, das wir erfahren.
Die Kinder, Freunde, manches gute Wort,
ein Händedruck, – du kannst es nicht bewahren.

Vielleicht, daß dir ein Schein im Herzen bleibt,
der dich erwärmt an kalten Wintertagen,
ein leises Leuchten, wenn dich Sehnsucht treibt
und sich am Himmel graue Wolken jagen.

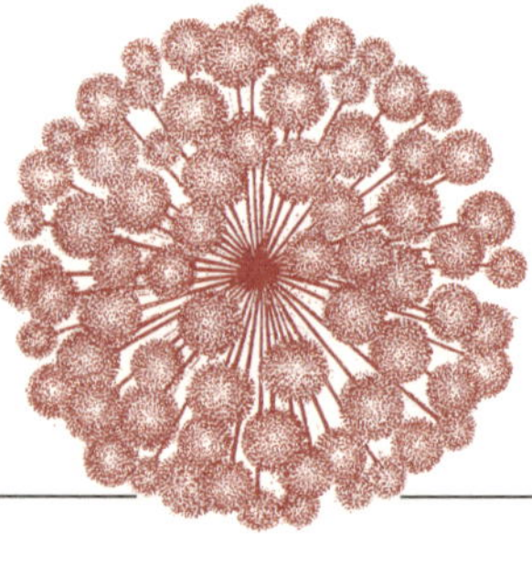

25. November

Die Welt ist ein gar seltsam Haus,
ein Bilderbuch und Blütenstrauß,
so farbenbunt und mannigfalt.
Eh einer wüßt die Vielgestalt,
er wär wohl tausend Jahre alt.

26. November

Ich gehe langsam aus der Welt heraus
in eine Landschaft jenseits aller Ferne,
und was ich war und bin und was ich bleibe,
geht mit mir ohne Ungeduld und Eile
in ein bisher noch nicht betretnes Land.

Ich gehe langsam aus der Zeit heraus
in eine Zukunft jenseits aller Sterne,
und was ich war und bin und immer bleiben
werde,
geht mit mir ohne Ungeduld und Eile,
als wär ich nie gewesen oder kaum.

27. November

Mensch, werde wesentlich,
denn wenn die Welt vergeht,
so fällt der Zufall weg,
das Wesen, das besteht.

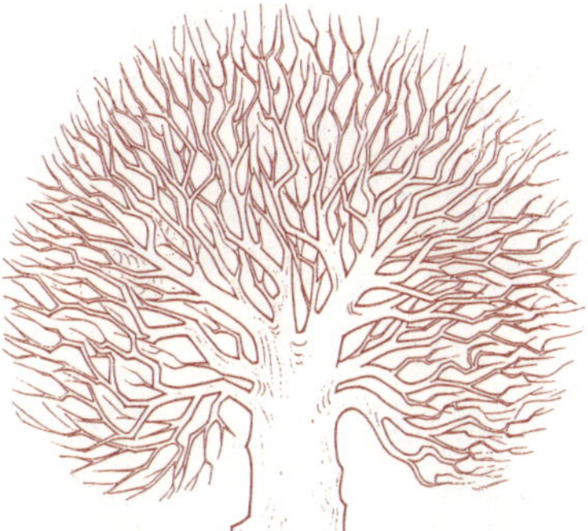

28. November

Memento

Vor meinem eignen Tod ist mir nicht bang,
Nur vor dem Tode derer, die mir nah sind.
Wie soll ich leben, wenn sie nicht mehr da sind?

Allein im Nebel tast ich todentlang
Und laß mich willig in das Dunkel treiben.
Das Gehen schmerzt nicht halb so wie das Bleiben.

Der weiß es wohl, dem Gleiches widerfuhr;
– Und die es trugen, mögen mir vergeben.
Bedenkt: den eignen Tod, den stirbt man nur,
Doch mit dem Tod der andern muß man leben.

29. November

Gloria sei dir gesungen
mit Menschen- und mit Engelzungen,
mit Harfen und mit Cymbeln schön.
Von zwölf Perlen sind die Tore
an deiner Stadt. Wir stehn im Chore
der Engel hoch um deinen Thron.
Kein Aug hat je gespürt,
kein Ohr hat mehr gehört
solche Freude.
Des jauchzen wir
und singen dir
das Halleluja für und für.

Es ist ein Ros entsprungen
aus einer Wurzel zart,
wie uns die Alten sungen,
von Jesse kam die Art
und hat ein Blümlein bracht
mitten im kalten Winter
wohl zu der halben Nacht.

Dezember

Macht hoch die Tür, die Tor macht weit;
es kommt der Herr der Herrlichkeit,
ein König aller Königreich,
ein Heiland aller Welt zugleich,
der Heil und Leben mit sich bringt;
derhalben jauchzt, mit Freuden singt:
Gelobet sei mein Gott,
mein Schöpfer reich von Rat.

1. Dezember

Advent

In diesen Tagen
laß die Türen offen
und trag die Lampe näher
an dein Fenster
am Abend dann,

denn durch die Dunkelheiten
geht manchmal einer
ohne jedes Hoffen.

Und daß der Himmel
seinen schönen Sternen
zu leuchten anbefiehlt –
dies mag zuzeiten
nicht soviel Trost sein
wie dein nahes Licht.

Es kommt ein Schiff, geladen
bis an sein' höchsten Bord,
trägt Gottes Sohn voll Gnaden,
des Vaters ewigs Wort.

Das Schiff geht still im Triebe,
es trägt ein teure Last;
das Segel ist die Liebe,
der Heilig Geist der Mast.

Der Anker haft' auf Erden,
da ist das Schiff an Land.
Das Wort will Fleisch uns werden,
der Sohn ist uns gesandt.

Zu Bethlehem geboren
im Stall ein Kindelein,
gibt sich für uns verloren:
gelobet muß es sein.

3. Dezember

O abgebrochner Zweig vom Apfelbaum,
erstarrt und kalt –
ich hol dich ein zum warmen Winterraum,
ich weiß, du blühst mir bald.

Das klare Wasser richt ich dir im Krug.
Der Ruf des Lichts
ergeht an dich. Ihn hören ist genug,
aus dir vermagst du nichts.

Laß die erwartungsvollen Wochen still,
still vorübergehn.
Der Christnacht, die auch dich erlösen will,
wird niemand widerstehn.

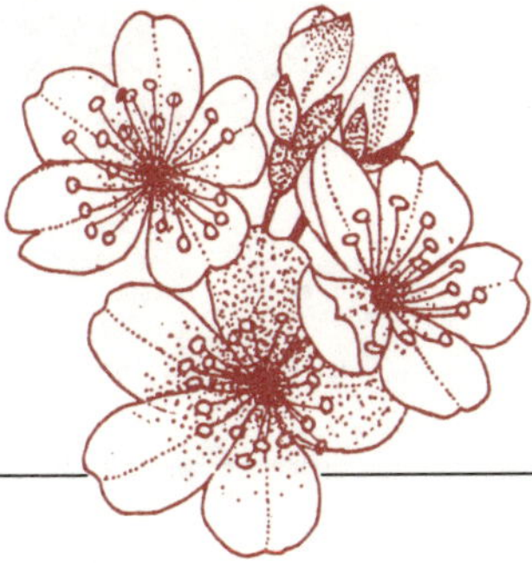

4. Dezember

Wir harren, Christ, in dunkler Zeit;
gib deinen Stern uns zum Geleit
auf winterlichem Feld.
Du kamest sonst doch Jahr um Jahr;
nimm heut auch unsrer Armut wahr
in der verworrenen Welt.

Es geht uns nicht um bunten Traum
von Kinderlust und Lichterbaum;
wir bitten, blick uns an
und laß uns schaun dein Angesicht,
drin jedermann, was ihm gebricht,
gar leicht verschmerzen kann.

5. Dezember

Vom Himmel in die tiefsten Klüfte
ein milder Stern herniederlacht;
vom Tannenwalde steigen Düfte
und hauchen durch die Winterlüfte,
und kerzenhelle wird die Nacht.

Mir ist das Herz so froh erschrocken,
das ist die liebe Weihnachtszeit!
Ich höre fernher Kirchenglocken
mich lieblich heimatlich verlocken
in märchenstille Herrlichkeit.

Ein frommer Zauber hält mich wieder,
anbetend, staunend muß ich stehn;
Es sinkt auf meine Augenlider
ein goldner Kindertraum hernieder,
ich fühl's, ein Wunder ist geschehn.

Es wächst viel Brot in der Winternacht,
weil unter dem Schnee frisch grünet die Saat;
erst wenn im Lenze die Sonne lacht,
spürst du, was Gutes der Winter tat. –
Und deucht die Welt dir öd und leer,
und sind die Tage dir rauh und schwer:
Sei still und habe des Wandels acht.
Es wächst viel Brot in der Winternacht.

7. Dezember

Was tut wohl die Rose zur Winterszeit?
Sie träumt einen hellroten Traum.
Wenn der Schnee sie deckt um die Adventszeit,
träumt sie vom Holunderbaum.
Wenn Silberfrost in den Zweigen klirrt,
träumt sie vom Bienengesumm,
vom blauen Falter, und wie er flirrt...
Ein Traum, und der Winter ist um!

8. Dezember

Die Rose,
welche hier dein äußres Auge sieht,
die hat in Ewigkeit
vor Gott also geblüht.

9. Dezember

Maria durch ein Dornwald ging,
Kyrie eleison.
Maria durch ein Dornwald ging,
der hat in sieben Jahrn kein Laub getragen.
Jesus und Maria.

Was trug Maria unter ihrem Herzen?
Kyrie eleison.
Ein kleines Kindlein ohne Schmerzen,
das trug Maria unter ihrem Herzen.
Jesus und Maria.

Da haben die Dornen Rosen getragen,
Kyrie eleison.
Als das Kindlein durch den Wald getragen,
da haben die Dornen Rosen getragen.
Jesus und Maria.

Es gibt so wunderweiße Nächte,
drin alle Dinge Silber sind.
Da schimmert mancher Stern so lind,
als ob er fromme Hirten brächte
zu einem neuen Jesuskind.

Weil, wie mit dichtem Demantstaube
bestreut erscheinen Flur und Flut;
und in die Herzen, traumgemut,
steigt ein kapellenloser Glaube,
der seine leisen Wunder tut.

Wird Christus tausendmal
in Bethlehem geboren
und nicht in dir:
du bleibst noch ewiglich verloren.

12. Dezember

Fröhlich soll mein Herze springen
dieser Zeit,
da vor Freud
alle Engel singen.
Hört, hört, wie mit vollen Chören
alle Luft
laute ruft:
Christus ist geboren!

Welch Dunkel uns auch hält,
sein Licht hat uns getroffen!
Hoch über aller Welt
steht nun der Himmel offen.
Gelobt sei Jesus Christ.

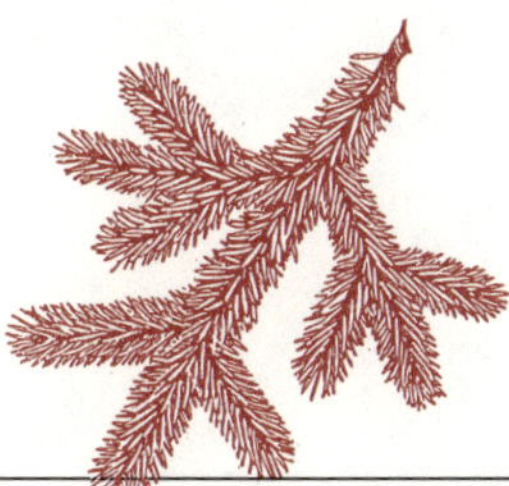

14. Dezember

Welch ein Geheimnis ist ein Kind!
Gott ist auch ein Kind gewesen.
Weil wir Gottes Kinder sind,
kam ein Kind, uns zu erlösen.
Welch Geheimnis ist ein Kind!
Wer dies einmal je empfunden,
ist den Kindern durch das Jesuskind verbunden.

15. Dezember

Der Mann im Mond hängt bunte Träume,
die seine Mondfrau spinnt aus Licht,
allnächtlich in die Abendbäume,
mit einem Lächeln im Gesicht.

Da gibt es gelbe, rote, grüne
und Träume ganz in Himmelblau.
Mit Gold durchwirkte, zarte, kühne,
für Bub und Mädel, Mann und Frau.

Auch Träume, die auf Reisen führen
in Fernen, abenteuerlich.
– Da hängen sie an Silberschnüren!
Und einer davon ist für dich.

16. Dezember

Hätt einer auch fast mehr Verstand
als die drei Weisen aus Morgenland,
und ließe sich dünken, er wäre wohl nie
dem Sternlein nachgereist, wie sie;
dennoch, wenn nun das Weihnachtsfest
seine Lichtlein wonniglich scheinen läßt,
fällt auch auf sein verständig Gesicht,
er mag es merken oder nicht,
ein freundlicher Strahl
des Wundersternes von dazumal.

17. Dezember

Noch einmal ein Weihnachtsfest;
immer kleiner wird der Rest,
aber nehm' ich so die Summe,
alles Grade, alles Krumme,
alles Falsche, alles Rechte,
alles Gute, alles Schlechte –
rechnet sich aus all dem Braus
doch ein richtig Leben raus.
Und dies können ist das Beste
wohl bei diesem Weihnachtsfeste.

Schenke groß oder klein,
aber immer gediegen.
Wenn die Bedachten die Gaben wiegen,
sei dein Gewissen rein.

Schenke herzlich und frei.
Schenke dabei, was in dir wohnt
an Meinung, Geschmack und Humor,
so daß die eigene Freude zuvor
dich reichlich belohnt.

Schenke mit Geist ohne List.
Sei eingedenk,
daß dein Geschenk
du selber bist.

19. Dezember

Markt und Straßen stehn verlassen,
still erleuchtet jedes Haus,
sinnend geh ich durch die Gassen,
alles sieht so festlich aus.

An den Fenstern haben Frauen
buntes Spielzeug fromm geschmückt,
tausend Kindlein stehn und schauen,
sind so wundervoll beglückt.

Und ich wandre aus den Mauern
bis hinaus ins freie Feld,
hehres Glänzen, heilges Schauern!
Wie so weit und still die Welt!

Sterne hoch die Kreise schlingen,
aus des Schnees Einsamkeit
steigts wie wunderbares Singen –
o du gnadenreiche Zeit!

20. Dezember

Wie, wenn sie stimmte, die alte Geschichte,
die von den Hirten im Feld und dem Lichte
und von dem neugeborenen Kindel,
das in der Krippe liegt in seiner Windel?
Gott nicht im Weltall, sondern im Viehstall?
Und man könnt all seine Sorgen hintragen,
ganz einfach hingehen und ihm alles sagen?
Wenn das gewiß ist, – ihr Leute, ihr Leute!
Dann hält mich keiner. Dann geh ich noch heute!

21. Dezember

Als ein behutsam Licht
stiegst du von Vaters Thron.
Wachse, erlisch uns nicht,
Gotteskind, Menschensohn!

Sanfter, wir brauchen dich.
Dringender war es nie.
Bitten dich inniglich,
dich und die Magd Marie – ...

Gib uns von deiner Güt'
nicht bloß Gered und Schein!
Öffne das Frostgemüt!
Zeig ihm des Andern Pein!

Mach, daß nicht allerwärts
Mensch wider Mensch sich stellt.
Führ das verratne Herz
hin nach der schönen Welt!

Frieden, ja, ihn gewähr
denen, die willens sind.
Dein ist die Macht, die Ehr,
Menschensohn, Gotteskind.

Das Licht der Herrlichkeit
scheint mitten in der Nacht.
Wer kann es sehn? Ein Herz,
das Augen hat und wacht.

23. Dezember

Dies ist die Nacht, da mir erschienen
des großen Gottes Freundlichkeit;
das Kind, dem alle Engel dienen,
bringt Licht in meine Dunkelheit,
und dieses Welt- und Himmelslicht
weicht hunderttausend Sonnen nicht.

Drum, Jesu, schöne Weihnachtssonne,
bestrahle mich mit deiner Gunst;
dein Licht sei meine Weihnachtswonne
und lehre mich die Weihnachtskunst,
wie ich im Lichte wandeln soll
und sei des Weihnachtsglanzes voll.

24. Dezember

Ich steh an deiner Krippen hier,
o Jesu, du mein Leben;
ich komme, bring und schenke dir,
was du mir hast gegeben.
Nimm hin, es ist mein Geist und Sinn,
Herz, Seel und Mut, nimm alles hin
und laß dirs wohl gefallen.

Da ich noch nicht geboren war,
da bist du mir geboren
und hast dich mir zu eigen gar,
eh ich dich kannt, erkoren.
Eh ich durch deine Hand gemacht,
da hast du schon bei dir bedacht,
wie du mein wolltest werden.

Ich lag in tiefster Todesnacht,
du warest meine Sonne,
die Sonne, die mir zugebracht
Licht, Leben, Freud und Wonne.
O Sonne, die das werte Licht
des Glaubens in mir zugericht',
wie schön sind deine Strahlen!

25. Dezember

Ich sehe dich mit Freuden an
und kann mich nicht satt sehen;
und weil ich nun nichts weiter kann,
bleib ich anbetend stehen.
O daß mein Sinn ein Abgrund wär
und meine Seel ein weites Meer,
daß ich dich möchte fassen.

26. Dezember

Jetzt ist die Welt voll Herrlichkeit
und voller Ruhm und Preis;
jetzt ist die wahre goldne Zeit
wie vor im Paradeis.
Drum lasset uns singen
mit Jauchzen und Klingen,
frohlocken und freuen,
ertönen und schreien:
Gott in der Höh sei Lob und Ehr.

Wir können dich,
Kind in der Krippe,
nicht fassen,
wir können
die Botschaft
nur wahr sein lassen.

Lob, Ehr sei Gott im höchsten Thron,
der uns schenkt seinen ein'gen Sohn.
Des freuet sich der Engel Schar
und singet uns solch neues Jahr.

29. Dezember

Wem Zeit ist wie Ewigkeit
und Ewigkeit wie die Zeit,
der ist befreit
von allem Streit.

30. Dezember

Alles vergehet,
Gott aber stehet
ohn alles Wanken;
seine Gedanken,
sein Wort und Wille hat ewigen Grund.
Sein Heil und Gnaden
die nehmen nicht Schaden,
heilen im Herzen
die tödlichen Schmerzen,
halten uns zeitlich und ewig gesund.

31. Dezember

Weiß nicht,
woher ich gekommen,
weiß nicht,
wohin ich werd genommen,
doch weiß ich fest:
daß ob mir ist
eine Liebe,
die mich nie vergißt.

Verzeichnis der Autoren, der Titel und der Textanfänge

31. Rainer Maria Rilke
Rosa Hortensie
Wer nahm das Rosa an?

FEBRUAR — HORTENSIE

1. Emanuel Geibel
Hoffnung
Und dräut der Winter

2. Owlglass
Das gute Beispiel
Beim Stöbern an der Gartenhecke

3. August von Platen
Winterlied
Geduld, du kleine Knospe

4. Johann Wolfgang von Goethe
Wenn im Unendlichen

5. Eva Strittmatter
Vom Abend des fünften Februar
Ein klassischer Winterabend

6. Johann Wolfgang von Goethe
Willst du immer weiter

7. Theodor Fontane
Nicht Glückes bar

8. Friedrich von Logau
Meistens alles auf der Erden

9. Mascha Kaléko
An einen Freund im Gipsverband
Brachst bloß ein Bein

10. Christian Fürchtegott Gellert
Willst du dich in dem Glück

11. Novalis, Friedrich von Hardenberg
Gottlob, daß ich auf Erden

12. Matthias Claudius
Der Mensch
Empfangen und genähret

13. Albrecht Goes
Sieben Leben
Sieben Leben

14. Owlglass
Was drückt dich

15. Eugen Roth
Der Kreisel
Ein Mensch hat einen Kreisel

16. Paul Heyse
Wenn aller Raketenspuk

17. Daniel Rumpius
Der Morgenstern ist aufgedrungen

18. Eduard Mörike
In der Frühe
Kein Schlaf noch

19. Knorr von Rosenroth
Morgenglanz der Ewigkeit

20. Lothar Zenetti
Das Siebenerlied
Sieben Farben hat das Licht

21. Conrad Ferdinand Meyer
Ein bißchen Freude
Wie heilt sich

22. Karl Heinrich Waggerl
Krokus
Gott fügt es

23. Theodor Storm
Trost
So komme, was da kommen mag

24. Joseph von Eichendorff
Winternacht
Verschneit liegt rings

25. Rudolf Alexander Schröder
Aufbrechendes Leben
Blick in die Welt

26. Annegret Grimm
Winterliche Forsythien
Wer ahnt etwas

27. Aus: Des Knaben Wunderhorn
Wieviel Sand in dem Meer

28. Johann Jakob Schütz
Was unser Gott geschaffen hat

29. Georg von der Vring
Passionsblume
Am Geländer der Terrasse

MÄRZ — PASSIONSBLUME

1. Eduard Mörike
Er ist's
Frühling läßt sein blaues Band

2. Owlglass
März
Der Himmel blaut

3. Paul Ernst Ruppel
Erd und Himmel sollen singen

4. Rudolf Alexander Schröder
Weide, silbern Angesicht

5. Albrecht Haushofer
Die Mücke
Ein leisestes Gesurr

6. Hermann Sendelbach
Diese Erde ist ein Stern

7. Angelus Silesius
Gott macht kein neues Ding

8. Theodor Fontane
Frühling
Nun ist er endlich kommen doch

9. Jochen Klepper
März
Heute ist der milde Glanz

10. Friedrich Rückert
Ich sehe klar genug

11. Christian Morgenstern
Die Weidekätzchen
Kätzchen ihr der Weide

12. Christian Morgenstern
Mußt dich recht besinnen

13. Karl Heinrich Waggerl
Steinbrech
Wir wissen nicht

14. Owlglass
Zuversicht
Wenn unter kalten Sternen

15. Friedrich von Logau
Leichter träget, was er träget

16. Conrad Ferdinand Meyer
Säerspruch
Bemeßt den Schritt!

17. Jean Gebser
Immer muß man zueinander

18. Eva Strittmatter
Die Brücke
Einer hat eine Brücke gebaut

19. Eva Strittmatter
Lob
Ich habe ein Geheimnis

20. Martin Beheim-Schwarzbach
Worte decken sachte

21. Johann Heermann
Hilf, daß ich rede stets

22. Hanns Dieter Hüsch
Psalm
Ich stehe unter Gottes Schutz

23. Mascha Kaléko
Stilles Gebet
Ich dank dir, Herr

24. Christian Morgenstern
Traumliedchen
Träum, Kindlein, träum

25. Peter Cornelius
Wenn ein Kind im Dunkeln

26. Theodor Storm
Die Kinder haben

27. Schalom Ben-Chorin
Das Zeichen
Freunde, daß der Mandelzweig

28. Dietrich Bonhoeffer
Menschen gehen zu Gott

29. Friedrich Rückert
Gar viele Wege gehn

30. Jochen Klepper
Welch Dunkel uns auch hält

31. Ludwig Uhland
Wie liegt die Blumenwiese

APRIL — STIEFMÜTTERCHEN

1. Ina Seidel
Frühling – wieder Frühling

2. Friedrich Hölderlin
Die Sonne glänzt

3. Cyriakus Spangenberg
Wir wollen alle fröhlich sein

4. Arno Pötzsch
Tausend, tausend Dinge

MAI — MARGERITE

JUNI PFINGSTROSE

10. Marlise Müller
Uralte Ölbäume stehen

11. Annette von Droste-Hülshoff
Der Weiher
Er liegt so still

12. Martin Behm
Lobt Gott in allen Landen

13. Friedrich Rückert
Den Gärtnern
Ich zog eine Winde

14. Eugen Roth
Zweifel
Ein Mensch ist fest dazu

15. Ina Seidel
Kindheitsgarten
Als ich dein war

16. Jochen Klepper
Mittagslied
Der Tag ist seiner Höhe nah

17. Christian Morgenstern
Lied der Sonne
Ich bin die Mutter Sonne

18. Volkslied
Ach du klarblauer Himmel

19. Peter Huchel
Löwenzahn
Fliegen im Juni

20. Karl Heinrich Waggerl
Zittergras
Warum am lichten Sommertag

21. Kristiane Allert-Wybranietz
Liebesgedicht
Als die Heckenrosen blühten

22. Johann Gottfried Herder
Liebe schwärmt auf allen Wegen

23. Hermann Claudius
Der Rosenbusch
Es haben meine wilden Rosen

24. Clemens Brentano
Abendständchen
Hör, es klingt die Flöte

25. Christian Morgenstern
Traumwald
Des Vogels Aug

26. Christoph von Grimmelshausen
Komm, Trost der Nacht

27. Joseph von Eichendorff
Der Abend
Schweigt der Menschen

28. Joseph von Eichendorff
Mondnacht
Es war, als hätt der Himmel

29. Arno Pötzsch
Woher? Wohin?
Über mir, so weit

30. Johann Wolfgang von Goethe
Gottes ist der Orient

Rainer Maria Rilke
Das Lied von den Lilien
Jetzt weiß ich es

JULI — LILIE

1. Paul Gerhardt
Geh aus mein Herz

2. Matthias Claudius
Das Bauernlied
Was nah ist und was ferne

3. Julius Sturm
Der Bauer steht vor seinem Feld

4. Gottfried Keller
Sommernacht
Es wallt das Korn

5. Joseph von Eichendorff
Es schienen so golden

6. Christian Morgenstern
Ich stand vom Lärm der Welt

7. Johann Wolfgang von Goethe
Du gabst mir, Schicksal

8. Paul Gerhardt
Ich selber kann und mag

9. Ina Seidel
Trost
Unsterblich duften die Linden

10. Matthias Claudius
Der Mensch lebt und bestehet
11. Johann Gottfried Herder
Traum
Ein Traum, ein Traum
12. Ludwig Gleim
Rosen pflücke, Rosen blühn
13. Eugen Roth
Demnächst
Ein Mensch spricht mit dem
14. Johann Wolfgang von Goethe
Nichts taugt Ungeduld
15. Christian Morgenstern
Wie süß ist alles
16. Theodor Fontane
Im Garten
Die hohen Himbeerwände
17. Juan del Encina
Besser zu tauschen
18. Christian Morgenstern
Schauder
Jetzt bist du da
19. Matthias Claudius
Die Liebe hemmet nichts
20. Erich Fried
Es ist, was es ist
Es ist Unsinn
21. Aus dem 13. Jahrhundert
Du bist mein, ich bin dein
22. Simon Dach
Anke von Tharau
23. Arno Pötzsch
Der leuchtende Himmel
24. Nikolaus Lenau
An die Entfernte
Diese Rose pflück ich hier
25. Eugen Roth
Sprichwörtliches
Ein Mensch bemerkt
26. Johann Mentzer
Ihr grünen Blätter
27. Johannes Trojan
Ich war am Morgen
28. Hermann Hesse
Flügelt ein kleiner blauer
29. Friedrich Rückert
Freu dich in jeder Nacht
30. Sappho
Über Sternenpracht und Flimmer
31. Barthold Hinrich Brockes
Die Sonnenblume
Wenn man die Zeit bedenkt

AUGUST SONNENBLUME

1. Conrad Ferdinand Meyer
Der römische Brunnen
Aufsteigt der Strahl
2. Wilhelm Gortzitza
Das Feld ist weiß.
3. Ina Seidel
Phlox
Wo jener Apfelbaum
4. Georg Thurmair
Reisewunsch
Eine Reise wünsch ich dir
5. Emanuel Geibel
Unterwegs
Wer recht in Freuden
6. Christian Morgenstern
Wind, du mein Freund
7. Joseph von Eichendorff
Wem Gott will rechte Gunst
8. Johann Wolfgang von Goethe
Epigrammatisch
Weit und schön ist die Welt
9. Owlglass
Gewissenskonflikte
Die Schnecke, die mir den Salat
10. Karl Heinrich Waggerl
Läusekraut
Das Läusekraut ist so verlaust
11. Verfasser unbekannt
Gebet
Du läßt durch schwerer Ähren
12. Hilde Domin
Sämann
Der große Sämann

OKTOBER HIBISKUS

14. Ferdinand von Saar
Der du die Wälder färbst

15. Jörg Zink
Wir bitten Gott

16. Jochen Klepper
Ruf
Ohne Gott bin ich ein Fisch

17. Wilhelm Busch
Mein Lebenslauf

18. Friedrich Rückert
Am Abend wird man klug

19. Marie von Ebner-Eschenbach
Im Abschiednehmen
Wir Alten sind die Milden

20. Börries von Münchhausen
Die großgewordnen Kinder

21. Erich Kästner
Der Oktober
Fröstelnd geht die Zeit spazieren

22. Mascha Kaléko
Sehnsucht nach dem Anderswo
Drinnen duften die Äpfel

23. Hermann Hesse
Baum im Herbst
Noch ringt verzweifelt

24. Angelus Silesius
Freund, so du etwas bist

25. Christian Morgenstern
Herbst
Zu Golde ward die Welt

26. Johann Wolfgang von Goethe
Nacht ist schon

27. Eduard Mörike
Um Mitternacht
Gelassen stieg die Nacht

28. Wilhelm Raabe
Wenn über stiller Heide

29. Nikolaus Hermann
Hinunter ist der Sonne Schein

30. Arno Pötzsch
Meinem Gott gehört die Welt

31. Barbara Hug
Waldwiese im Spätherbst
Wald und Wiese, hingebreitet

NOVEMBER WALD-ENGELWURZ

1. Hans Thoma
Ich komm, weiß nit woher

2. Jörg Zink
Gott, du deines Mantels Saum

3. Rudolf Alexander Schröder
Wer das versteht

4. Hilde Domin
Es knospt

5. Johann Wolfgang von Goethe
Nun weiß man erst

6. Annegret Grimm
Kleine Freuden
In dunklen Zeiten

7. Josef Pape
Erst die Erinnerung

8. Bartholomäus Ringwaldt
Allein auf Gott setz dein

9. Eva Strittmatter
Erlen sind schöne Bäume

10. Arno Pötzsch
Die Quelle
Tag und Nacht, jahraus

11. Theodor Fontane
Trost
Tröste dich, die Stunden

12. Mascha Kaléko
Irgendwer
Einer ist das, der mich denkt

13. Aus: Des Knaben Wunderhorn
Abends, wenn ich schlafen geh

14. Matthias Claudius
Der Mond ist aufgegangen

15. Matthias Claudius
Seht ihr den Mond dort stehen

16. Theodor Storm
Sonnenuntergang im Winter
Nebel hat den Wald verschlungen

17. Annegret Grimm
Chrysanthemen, allerletzte Pracht

18. Hermann Hesse
Gestützte Eiche
Wie haben sie dich, Baum

19. Theodor Fontane
Überlaß es der Zeit
Erscheint dir etwas unerhört

20. Volkslied
Die Gedanken sind frei

21. Wilhelm Busch
Willst du das Leben recht verstehn

22. Hermann Hesse
Alle Bücher dieser Welt

23. Käthe Kamossa
Verborgenes Leben
Beschneite Wiesen

24. Theodor Fontane
O trübe diese Tage nicht

25. Annegret Grimm
November
Der Himmel seufzt

26. Arno Pötzsch
Die Welt ist ein gar seltsam

27. Hans Sahl
Ich gehe langsam aus der Welt

28. Angelus Silesius
Mensch werde wesentlich

29. Mascha Kaléko
Memento
Vor meinem eignen Tod

30. Philipp Nicolai
Gloria sei dir gesungen
Vorreformatorisch
Es ist ein Ros entsprungen

DEZEMBER CHRISTROSE

1. Georg Weissel
Macht hoch die Tür

2. Karoline Brandauer
Advent
In diesen Tagen laß die Türen offen

3. Johannes Tauler
Es kommt ein Schiff, geladen

4. Bernt von Heiseler
Barbarazweig
O abgebrochner Zweig

5. Rudolf Alexander Schröder
Wir harren, Christ

6. Theodor Storm
Vom Himmel in die tiefsten Klüfte

7. Friedrich Wilhelm Weber
In der Winternacht
Es wächst viel Brot

8. Mascha Kaléko
Was die Rose im Winter tut
Was tut wohl die Rose

9. Angelus Silesius
Die Rose, welche hier

10. Aus dem 16. Jahrhundert
Maria durch ein Dornwald ging

11. Rainer Maria Rilke
Es gibt so wunderweiße Nächte

12. Angelus Silesius
Wird Christus tausendmal

13. Paul Gerhardt
Fröhlich soll mein Herze

14. Jochen Klepper
Welch Dunkel uns auch hält

15. Clemens Brentano
Welch ein Geheimnis ist ein Kind

16. Mascha Kaléko
Der Mann im Mond

17. Wilhelm Busch
Der Stern
Hätt einer auch fast mehr

18. Theodor Fontane
Noch einmal ein Weihnachtsfest

19. Joachim Ringelnatz
Vom Schenken
Schenke groß oder klein

20. Joseph von Eichendorff
Weihnachten
Markt und Straßen

21. Anna Martina Gottschick
Wie, wenn sie stimmte

22. Josef Weinheber
Als ein behutsam Licht

23. Angelus Silesius
Das Licht der Herrlichkeit

24. Kaspar Friedrich Nachtenhöfer
Dies ist die Nacht, da mir

25. Paul Gerhardt
Ich steh an deiner Krippen hier

26. Paul Gerhardt
Ich sehe dich mit Freuden an

27. Angelus Silesius
Jetzt ist die Welt

28. Albrecht Goes
Wir können dich, Kind in der Krippe

29. Martin Luther
Lob, Ehr sei Gott

30. Jakob Böhme
Wem Zeit ist wie Ewigkeit

31. Paul Gerhardt
Alles vergehet, Gott aber stehet

Justinus Kerner
Weiß nicht, woher ich gekommen

Alphabetisches Autorenregister und Quellen

Vorbemerkung: Die hier vorgelegte Sammlung beruht auf der Arbeit der Herausgeber, die viele Jahre zurückreicht. Trotz intensiven Nachforschens war es nicht in allen Fällen möglich, die genaue Quelle bzw. die Rechte-Inhaber ausfindig zu machen. Das nachfolgende Verzeichnis ist also nicht lückenlos. Für Hinweise sind wir dankbar. Den Autorinnen, Autoren und Verlagen, die bei der Suche nach den Quellen wertvolle Hilfe leisteten, sei an dieser Stelle für die freundlicherweise erteilte Abdruckerlaubnis gedankt.

Strittmatter, Eva 5. 2., 18. 3., 7. 10.
aus: dies., „Zwiegespräch". © Aufbau-Verlag Berlin und Weimar 1980; 19. 3. aus: dies., „Mondschnee liegt auf den Wiesen". © Aufbau-Verlag Berlin und Weimar 1975; 15. 5., 7. 6., 25. 9., aus: dies., „Ich mach ein Lied aus Stille". © Aufbau-Verlag Berlin und Weimar 1973; 9. 11. aus: dies., „Ich schwing mich auf die Schaukel". © Der Kinderbuch Verlag, Berlin

Sturm, Julius 18. 4., 3. 7.

Tauler, Johannes, 3. 12.

Thoma, Hans 1. 11.

Thurmair, Georg 4. 8.

Trakl, Georg 5. 10.

Trojan, Johannes 27. 7.

Uhland, Ludwig 31. 3., 10. 4., 4. 9.

Vring, Georg von der 29. 2.

Waggerl, Karl Heinrich 22. 2., 13. 3., 15. 4., 27. 4., 20. 6., 10. 8., 6. 9.
aus: ders., „Heiteres Herbarium". Otto Müller Verlag, Salzburg 1993, 43. Auflage

Weber, Friedrich Wilhelm 7. 12.

Weinheber, Josef 22. 12.
© Christian Weinheber-Janota

Weissel, Georg 1. 12.

Wiemer, Rudolf Otto 24. 8.
aus: ders., „Ernstfall", J. F. Steinkopf Verlag

Zenetti, Lothar 5. 4., 20. 2.,
aus: ders., „Sieben Farben hat das Licht". J. Pfeiffer Verlag, München 2/1987

Zink, Jörg 15. 10. aus: ders., Hans-Jürgen Hufeisen, „Wie wir feiern können". Kreuz Verlag, Stuttgart 1992; 2. 11. aus: ders., Hans-Jürgen Hufeisen, „Feier der Schöpfung". Kreuz Verlag, Stuttgart 1993

Zoller, Alfred Hans 6. 1.
aus: „Neue geistliche Lieder" (BE 285). © Text: Alfred Hans Zoller by Gustav Bosse Verlag, Kassel

Zuckmayer, Carl 4. 1.
aus: ders., „Gedichte". © S. Fischer Verlag GmbH, Frankfurt am Main 1960

2 3 4 5   02 01 00 99

Postfach 80 06 69, 70506 Stuttgart
Telefon 07 11-78 80 30
Ein Unternehmen der Dornier Medienholding GmbH
Alle Grafiken von Hans Hug
Satz: Lettera etc., Ostfildern
Gestaltung: Hans Hug
Druck und Bindung: W. Röck, Weinsberg
ISBN 3 7831 1733

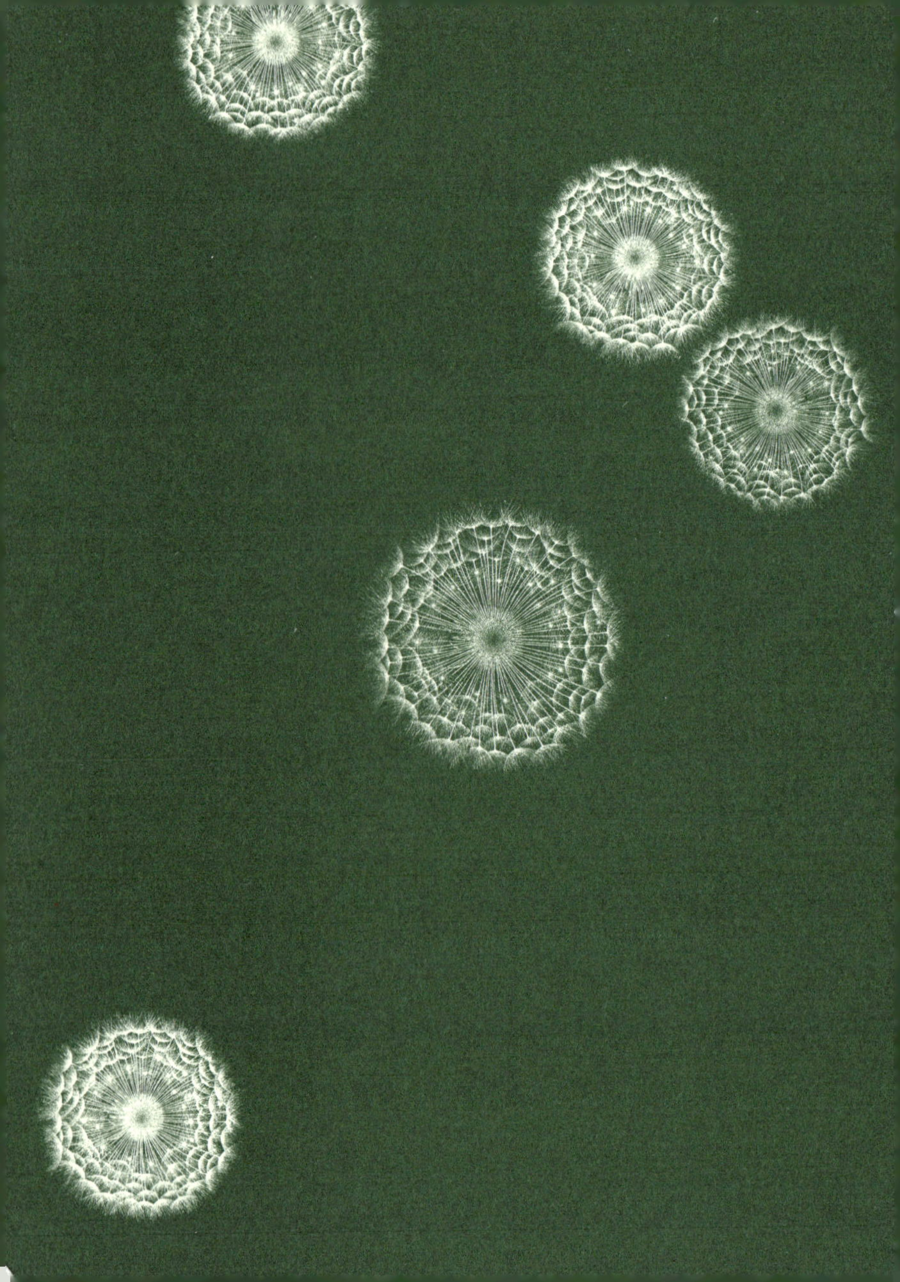